油微

一滴石油

万千细节

《油微》编委会　编

石油工业出版社

内 容 提 要

每一滴石油，都有不为人知的艰辛；每一颗心灵，都有生动朴实的故事。本书在中国石油“油微感觉”微信平台发布内容的基础上精心编纂而成，全书分为“油·榜样”“油·故事”和“油·生活”三部分，以图文并茂、通俗生动的形式讲述了石油的历史和石油人的生活，展现了当代石油人追求卓越、追求创新的精神特质和爱岗敬业、甘于奉献的石油情怀。

图书在版编目（CIP）数据

油微／《油微》编委会编．
北京：石油工业出版社，2015.9
ISBN 978-7-5183-0895-8

Ⅰ．油…
Ⅱ．油…
Ⅲ．石油工业－先进工作者－生平事迹－中国
Ⅳ．K828.1

中国版本图书馆 CIP 数据核字（2015）第 218015 号

出版发行：石油工业出版社
（北京安定门外安华里 2 区 1 号　100011）
网　址：www.petropub.com
编辑部：(010) 64523582　图书营销中心：(010) 64523633
经　　销：全国新华书店
印　　刷：北京中石油彩色印刷有限责任公司

2015 年 9 月第 1 版　2015 年 10 月第 2 次印刷
710×1000 毫米　开本：1/16　印张：24.75
字数：360 千字

定价：50.00 元
（如出现印装质量问题，我社图书营销中心负责调换）

本书编委会

主　任：曲广学

副主任：李懂章　张卫国

编　委：沈　中　宋新辉　张　勇　艾中秋　李生儒　周敬成
王树勇　王晓达　冯东旭　胡小力　冷春放　刘　玲
冯立波　胡天戈　李尚帅　胡建国　李汀舟　周　乙
刘金平　智　杰　曾木生　马　钊　刘建平　石　力
鲜德清　陈　朋

本书编辑部

主　编：沈　中

副主编：冯东旭　刘　玲

编辑组：谭沁汶　刘雨晴　王姝童　王　爽　王　磊　陈　朋

每一滴石油，都有不为人知的艰辛；
每一颗心灵，都有生动朴实的故事。

序言

有些朋友拿到这本书可能会产生这样的疑问：油微？为什么起这么个书名？这是一本什么样的书？

《油微》书名与一个公众微信平台有关。2014 年 8 月初，我们开办了一个公众微信平台，讲述石油故事，传递石油声音，弘扬石油文化，塑造石油形象。这是创新工作方式方法，培育践行社会主义核心价值观、继承弘扬大庆精神铁人精神，建设与时代同行、与发展同步的中国石油企业文化的探索实践。这个公众微信平台力求以图文并茂的方式，通过质朴的语言和真实的图片，讲述普通石油人日常而平凡的工作生活、情感追求，与员工、与社会公众进行平实平和的交流，让人们体会每一滴石油背后不为人知的艰辛，体会每一颗石油心灵朴实生动的精彩。

见微知著，以小见大，以石油每一个细微的故事，希冀给人们点滴感觉和触动。“油微感觉”（youweiganjue）就成为这个公众微信平台的名字。一年来，“油微感觉”运行人员把“能看得进去”作为标准，把每一条微信采编发看作是一次战斗、一次考试，重点抓住策划、选材、编辑三个关键节点，以大家都听得懂、看得明白的语言，讲述有油味、接地气的普通人的普通事，走近人、感染人、感动人。

“油微感觉”这个微信平台就像一扇窗户，搭建了石油与社会交流的新平台，得到了石油员工的认可，也得到了社会公众的好评。通过微信，人们再次感受了我国石油工业筚路蓝缕、披荆斩棘的艰辛，“头戴铝盔走天涯”“宁可少活二十年拼命也要拿下大油田”的豪迈志气；看到了石油人在草原、在沙漠、在黄土高坡、在雪域高原的坚守，看到了石油人在严寒、在酷暑的坚守，看到了石油人告别亲人远赴海外、顶着各种风险的坚守；体会到了石油人的平凡、艰苦、辛劳、爱心、自豪、奉献。

石油人是像你我一样普通的个体组成的队伍。讲述一个个普通石油人的故事，展现百万石油人的总体形象，是“油微感觉”公众微信平台的定位，正是《油微》书名的用意所在。

是为序。

2015 年 9 月 25 日

曲广学，中国石油天然气集团公司思想政治工作部（企业文化部、新闻办公室）总经理（主任）、本书编委会主任。

目　录

第一部分　油·榜样

目 录

第二部分　油·故事

目 录

目 录

第三部分 油·生活

第一部分 | 油·榜样

这些人

亲手揭开石油鲜为人知的一面

填补外界和业内的想象空白

在空间的荒芜上筑起精神的高原

于寂静的深谷里发出理想的呐喊

不可思议的事件，不曾架空

看似演绎的画面，真实存在

相似的幸福、痛苦、梦想和执着叙述各自的语言

回到过去，回到现场

重写的历史未被改写

没有回忆，没有完成

发生的事情正在发生

史诗隐逸，传说淡出

微小角落有人格图腾

时空的镜头隐藏在一场场故事后

观众醒来

我们一起

看电影

“铁人”王进喜在工作

形象 1

王进喜 铁人 大庆

大庆会战第一次战役打响，王进喜的腿被钻杆砸伤，却坚持不下火线。被送进医院后不久，人们又吃惊地看到他回到井场。

钻井到了紧要关头，他采取措施后，又临时调来500 袋固井用的水泥。井打到 700 多米时，一直担心的井喷发生了。强大的高压液柱冲出井口，飞上几十米的高空。

重晶粉还没有运到。王进喜大喊：往泥浆池里加水泥！他丢掉拐杖，抱起两袋水泥，工人们也迅速行动起来。但水泥沉入水底，泥浆比重提不上来，上水管又被水泥糊住，井喷更厉害了。他跳进泥浆池，奋力用身体搅拌，周围的同志也相继跳了下去。

3 个多小时后，井喷被奇迹般地制服。每个人都被碱烧掉了一层皮，王进喜之前受伤的腿自此落下了严重的关节炎。

……

这可能是铁人故事里让人记忆最深刻的段落，但不是全部。

1. 1959 年，北京

9 月，王进喜出席甘肃省劳模会，被选为建国 10 周年国庆观礼代表和全国“工交群英会”代表。

休会时，他去参观首都“十大建筑”。路过沙滩北大红楼附近，他看到公共汽车上背着“大包袱”，就问身边的人。

王进喜：“汽车背的是啥？”

有人告诉他：“那是煤气包，因为国家缺油，公共汽车改烧煤气了。”

王进喜听了，一拍大腿：“我们是搞油的，首都都用不上油，对得起谁？”

他觉得心里像压了块大石头喘不过气来。国家缺油到这个程度，对自己而言是莫大的耻辱。他蹲在沙滩北大红楼附近的街头哭了起来。

群英会进行中，东北发现大油田的消息传来，王进喜欣喜若狂。他决心去大庆，找到领导要求参加石油大会战。

“煤气包”成为他为国分忧、为民族争气的思想动力之源。

2. 1960 年 4 月，松嫩平原

辽阔的松嫩平原，一直到 4 月 2 日，王进喜才盼来了自己队的钻机。

吊车和拖拉机不知要等到啥时候才能来。

他对大伙说：“大会战也像打仗一样，只能上，不能等！”

他抄起一根撬棍，跳上火车。

就这样，人拉肩扛，连续奋战三昼夜，把总重 60 吨的四五十台设备卸下了火车，运到 9 公里外的井场，把 5 吨多重的钻机拉上 2 米多高钻台，创造了大庆石油会战的第一个奇迹，诞生了著名的“人拉肩扛精神”。

“有条件要上，没有条件创造条件也要上”“石油工人一声吼，地球

也要抖三抖”等豪言壮语很快传遍全国。

3. 1960 年，东北

7 月 1 日，大庆油田会战指挥部召开万人大会，王进喜披“双红”、骑大马，由领导牵马通过英雄门。

会上，会战指挥部号召继续学习铁人王进喜，并特别表彰了王进喜、马德仁、段兴枝、薛国邦和朱洪昌带领的共 5 个先进集体。

赫赫有名的“王、马、段、薛、朱”五面红旗高高飘扬，成为引领大会战的旗帜。

王进喜带领的钻井队再接再厉，月进尺达到 5466 米，还创造了班进尺 432.98 米、日进尺 738.24 米的新纪录。

9 月，钻机指挥部决定给王进喜的钻井队配备一台国产新钻机。从此，威震南北的英雄钻井队正式改名为“1205 钻井队”。

4. 1960 年冬，松嫩平原

腊月的东北松嫩平原，冰雪肆虐。“钢铁咬人”“尿尿要用棍敲”的季节到了。

经过一年的拼搏，用于湿地运输的拖拉机坏的坏、废的废，显然已经无法组织钻机整体搬家。

早在玉门油田时，爱琢磨的王进喜就曾成功实施过钻机的整体搬家，那是用了十几台车辆设备，而且气候条件也不一样。

“绝不向老天低头，绝不向困难让路。”王进喜想着，一边组织工人、技术人员和干部“三结合”攻关，研究出“冬季钻机自走”的搬家方案，用两台拖拉机几十号人，5 天时间就将重达百吨的钻机平稳迁移到 500 米外的新井位。

这一年，他们创造了冬季搬家的奇迹。

5. 1961 年，大庆

大庆会战初期，受“大跃进”的影响，一些井队只重视速度而忽视了质量，王进喜领导的 1205 钻井队也打了一口斜井。

4 月 19 日，钻机指挥部召开了千人大会，集中解决钻井质量问题。王进喜在会上做了检讨，坚决请求将 1205 钻井队打的斜井填掉。

有人提出意见：“井斜也不影响使用。填了这口井，就给标杆队史写下耻辱的一页。”

王进喜：“没有这一页，队史就是假的。这一页不仅要记在队史上，还要记在我们每个人的心里。我们填的不光是一口井，还填掉了低水平、老毛病和坏作风！”

填井时，王进喜带头背起水泥，迈着沉重的步子走在前面；工人们眼含热泪，一步步跟在他身后。

“要对油田负责一辈子”“干工作要经得起子孙万代的检验”，从此成为石油人的座右铭。

字 幕:

王进喜因为工作需要调到钻井二大队当了大队长，先后建起了卫生所、发电房、锅炉房、豆腐坊，把队上的生产生活搞得井井有条。

那时的大庆油田没有一所小学校，他带人用干打垒盖起了第一所由基层大队盖的职工子弟小学。

这个只有7名学生4个年级的学校，被人们亲切地称为“鸡笼子”小学。王进喜担任第一任校长，亲自上了第一堂课。他教孩子们的第一个字就是“人”字，他用浓重的西北话领读：“人，工人的人；人，高尚的人！”

链 接:

1923年10月8日,王进喜出生在甘肃省玉门县赤金堡一个贫苦的农民家庭。

6岁讨饭,10岁给地主放牛,15岁到玉门油矿做苦工,直到玉门油矿解放。

1950年春,他成为新中国第一代钻井工人。

1956年4月,王进喜加入中国共产党。

1958年9月,他带领钻井队创造了当时月钻井进尺的全国最高纪录,荣获“钢铁钻井队”称号。

1959年9月,王进喜被选为全国劳动模范。10月,他和王崇伦、时传祥、倪志福等全国各行业著名劳动模范一起,出席了国庆10年庆典,登上了天安门城楼。

1959年年底,王进喜领导的玉门油田贝乌5队累计钻井进尺7.1万米,相当于旧中国42年的钻井总和。

1970年11月15日,患胃癌医治无效逝世,终年47岁。

他是“百年中国十大人物”;

他是“100位新中国成立以来感动中国人物”;

他是“建国以来在群众中享有崇高威望的共产党员优秀代表”;

他曾任大庆油田1205钻井队队长;

他被称为“铁人”。

新时期铁人王启民

形象 2

王启民 新时期 铁人 科技

20 世纪 60 年代，他闯出了“中国式注水开发”的新路；70 年代，他创造了“分层开采接替稳产”新模式；80 年代，他助力大庆实现油田开发传奇；90 年代，他激发了稳产 10 年再 10 年的底气。

1. 1960 年，草原

4 月，大庆拉开了石油大会战的序幕，王启民作为实习生，担任葡田井试油队技术员。茫茫草原上，没有住房，只有一个个的“干打垒”。大家夜以继日地摸爬滚打，搜集资料和数据。年底，王启民在实习生中被评为唯一的二级红旗手。

2. 1961 年，大庆战场

8 月，王启民毕业，重返大庆会战战场。此时，大庆油田面临前所未有的困难，外国专家藐视，断言中国技术落后。

王启民十分气愤，和同事们拟了一副对联，上联是“莫看毛头小伙子”，下联是“敢笑天下第一流”，横批是“闯将在此”。他把“闯”字中的“马”写得大大的，突破了“门框”。

从此，王启民在大庆一干就是将近 50 年。

3. 20 世纪 60 年代，大庆油田

油田开发是一门科学，大庆油田一开始就采用注水开发。国外流行的理论是“温和注水，均衡开采”。但油田遵循这条思路开发，却出现了地层压力下降、产量递减的负效应，一半油井被水淹，采收率仅 5%。

油采不上来，油田命运堪忧！摆在王启民面前的是一片茫然不可知的未来。但他没有气馁，下决心找出答案。

王启民和同志们一起反复实验，最后得出结论——油田开采的关键是保持压力，不能怕见水就不注水。这个见解得到认同，王启民开始带着一

个小组进行试验。试验小组选了一口含水达60%的油田进行试验。

不久，奇迹出现了，该井日产量由原来的30多吨增为60多吨，含水量却下降了。这口井的经验立即得到推广，大庆油田涌现出一批日产百吨以上的高产井。

“高效注水开采方法”一举打破了国内外普遍采用的“温和注水”开采方式，开创出中低含水阶段油田稳产的新路子。王启民称之为“不破不立”。

一条中国式注水开发的新路被王启民立起来了。

4. 20世纪70年代，中区西部试验区

瘦弱的身子，走路总是哈着腰，背常常疼得满头汗，看着现在的王启民，很难想象他曾是国家三级运动员。

20世纪70年代初，为摸清油田高产稳产规律，王启民和科技人员一起再次住进了中区西部试验区。为搞清地下油水的每个微小变化，在9平方公里的试验区，在油层孔隙和裂缝中，在油和水之间，他们整整摸索了10年。长期在野外作业，他患上了类风湿强直性脊椎炎。

开采程度加深，1975年，试验区主力油层产量下降幅度增大，油井平均含水量上升到54%，油田命运面临新考验。

王启民与他的团队采集、分析了1000多万个数据，创造出“分层开采，接替稳产”的新模式，使水驱采收率提高了10%～15%。

他们不仅保持了试验区中含水期的高产稳产，而且绘制出了大庆油田第一套试验区高含水期地下油水饱和度图，摸清了油水在平面和剖面上的分布情况，揭示了油田不同含水期开采的基本规律和稳产办法。

这是大庆油田第一个5000万吨稳产目标确立并实现的理论和实践依据。

5. 1985年，大庆油田

大庆第一个稳产10年的目标胜利实现，油田提出第二个稳产10年的奋斗目标。但这时，油田面临着已经进入高含水期的矛盾。要采储平衡，继续高产稳产，必须挖潜力。

王启民和同事们一起刻苦钻研，得出的结论是油田表外储层中潜力很大。表外储层，指的是厚度在0.5米以下的薄差油层。大庆的每口井、每个油层都有表外储层，一旦成功开采，就可变废为宝，增加几亿吨储量。

国内外都没有开发表外储层的先例，不少人认为含油性这么差，不具备开采价值，将它放到稳产规划中风险太大了。

王启民决心依靠科技，继续探索新路。闯过多道难关，测算结果是大庆表外储层的地质储量达7亿多吨。

7年艰辛，1万多口布井，使低透薄油层成为油田稳产的接替力量。接着大家又将力量投向差油层挖潜上。

油田增加地质储量20多亿吨，相当于为国家找到了一个新的大庆油田。

6. 20世纪90年代，大庆油田

大庆油田进入高含水开发期。如果沿用国外提液稳油的做法来继续保持5500万吨稳产，油田要增加液量1.6亿多吨。

要处理这些液体，将大幅度增加基建工程量和投资额，企业难以承受。

1991年年初，油田召开开发技术座谈会上，科技工作者各抒己见、献计献策。

王启民提出“三分一优”结构调整原则和“挖液稳油”的新模式，经集体论证后，决定在全油田实施“稳油挖水”战略，很快在全油田推广开来。

这使大庆油田 3 年含水上升率不超 1%，有效控制了产液量剧增的局面。与国家审定的开发指标相比，5 年累计多产原油 610 多万吨。

1997 年 1 月，王启民被中国石油天然气总公司党组授予“新时期铁人”称号。

字　幕：

从 1975 年开始，大庆油田创造了连续 27 年年产原油 5000 万吨以上的纪录，远远高于世界同类油田平均 12 年的水平。王启民主持参与了大庆油田实现稳产高产的 8 项重大开发试验项目，多次获得国家科技进步奖，参加并组织了 40 多项科研攻关课题，他是“100 位新中国成立以来感动中国人物”之一。

“中国青年五四奖章”获得者秦文贵

形象3

秦文贵 青年榜样 柴达木三课

世界屋脊上的青海油田，是全球海拔最高的油田。这里“天上无飞鸟，地上不长草，风吹石头跑，氧气吃不饱”，被称为“生命的禁区”。

歌曲《我为祖国献石油》中“昆仑山下送晚霞”，描写的就是这里。

1. 1982年，花土沟

秦文贵从华东石油学院毕业了，唱着《我为祖国献石油》，怀揣对巍巍昆仑的美好憧憬，走进柴达木。

秦文贵知道，青海油田环境艰苦，但报到后发现这里的艰苦远远超出他的想象。

到花土沟的第一个晚上，高原反应让他头昏脑涨，不住地流鼻血，一夜没睡着。

初到井队上班，秦文贵从最基础、最细小的事情做起，扫钻台、擦机器、摆钻杆、打吊钳……他穿着油污的工衣，整天干些琐碎的事。

碰上井涌，油水泥浆劈头盖脸浇透全身。要洗掉凝结在身上的油污，得先用汽油一遍遍地擦，蜇得人浑身火辣辣疼，不久身上就蜕皮了。

一场沙尘暴在宿舍地面覆满了沙，走在沙上，留下一串串清晰的脚印，可脚印很快便消失了。想留下脚印，只有不停地走下去，这是柴达木给秦文贵上的第一课。

第二课是爬井架。秦文贵第一次站上5米高的钻台，上下望望，心里发颤。

队长看出他的心思，朝他扔去一把棉纱，说："去，擦机器去！"

秦文贵心中忽然上来一股狠劲儿，爬！工人注视着他一直攀到顶。

下来后，队长对他说："小秦，不简单！你有再大的学问，也要先过这一关！"

第三堂课是磨难。井喷压井，秦文贵和工人背了近万吨重晶石粉。3个月里，每天都是弥漫的粉尘灌满鼻孔耳朵，牙齿黄，眼睛红。

高原缺氧，即使什么都不干，喘气都难。这是在生命的极限处考验生命！由于缺氧，秦文贵工作时常鼻血呼呼流。

他老老实实在基层干"小事情"：打钳子、甩钻杆、扶刹把、下套管、爬井架……渐渐地，他练就了“千里眼顺风耳”：看板房灯泡明暗，就知道井上启动了什么设备；听钻机异常声响，就能判断出井上哪个环节出了毛病……

他悟出了“小事情”和“大事业”的辩证法，没有这些小事情，就没有搞科研这个大事业。

2. 1992 年，冷湖烈士公墓

毕业 10 年，组织上派秦文贵到国外学习。

临行前，他来到冷湖烈士公墓，那里安葬着他敬重的师傅。走进公墓，灰压压的一片坟茔，使秦文贵受到强烈震撼。为了祖国的石油事业，许多人把生命永远地留在了这里。

他在墓碑前默默地站了许久，最后抓了把沙土，用一帕白方巾裹好，深深鞠了三个躬。

在海外，他如饥似渴地学习石油工业先进技术。

学习将要结束时，一个选择摆在了他面前——一家国外石油公司，以高出他在国内 10 倍的薪水请他去工作，并承诺办理爱人和孩子定居海外的手续。

烈士墓前带来的那一把沙土，时刻提醒他，柴达木需要新一代奋斗者去完成他们未竟的事业。他选择了回国。

从国外回来的几年间，一些南方的石油公司也多次希望他去效力，并允诺优厚的物质待遇，但秦文贵再次选择了柴达木。

回国后的几年里，秦文贵主持和参与了 20 多项技术改造、科研课题，组织研究和应用了数十项新技术、新工艺，解决了大大小小上百个生产难题。他实实在在地体会到在祖国从事科技创新工作的快乐。

3. 1995 年，尕斯油田

在尕斯油田处理技术套管事故，秦文贵提出了钻井简化套管程序的大胆设想。

他放弃冬休，送走妻儿，一头扎在苦心钻研和日夜奋战中，和他的课题组完成了这一课题的可行性论证，成功打出了 4 口深开发井。

简化套管这个科研项目获得了巨大成功，每口井节约技术套管 2500 米，4 口井节约综合钻井成本近 700 万元。

在攻关的 180 多个日日夜夜里，34 岁的秦文贵一头黑发竟花白了。

又黑又瘦、衣服又脏又破的他推开家门时，女儿盯着他，藏到妈妈身后，妻子见到丈夫变成这副模样时，不禁失声痛哭。

4. 20 世纪 90 年代，青海油田

在青海油田山地地震与裂缝油藏攻关办公室工作期间，他根据对油田裂缝性油藏的新认识，采用大位移定向钻井、成像测井、油层酸化、平衡压力固井等新技术，取得柴达木盆地狮子沟地区裂缝性油气藏的新突破。

狮新 28 井、狮新 24 井获得高产油气，取得了明显的经济效益。

尤其是狮 28 井，在下入油套管后发生严重井漏，用常规方法不能正常固井的情况下，为了防止和减少泥浆对油层的伤害，他在钻井现场亲自研究，制定了平衡压力固井的技术方案，并现场指导实施，仅用 3 天时间便获得了成功。这个技术方案不仅节约了大量费用，更是开辟了裂缝性油藏完井工艺的新途径。

他组织油田技术人员与斯伦贝谢公司合作进行的“狮子沟裂缝性油藏综合研究”科研项目，验收合格。他参与主持了在柴达木盆地远景地区的

地震资料收集，以及油南的山地地震攻关试验，并首次获得了该地区的地震资料，为这一地区今后的油气勘探奠定了基础。

5. 2000 年，北京

秦文贵再次出国，攻读 MBA。

学成后，他依然回国。

根在祖国，心在柴达木。

字　幕：

秦文贵说："柴达木让我看清了什么是生活原色。是它告诉我，上天之前，先在地面上干点事情。人生的道路虽然漫长，紧要处常常只有几步，特别是当人正年轻的时候。为了这紧要的几步，期待降低一点，赢得一个目标；根须扎深一点，赢得一片天地；享受推迟一点，赢得一份事业。"

2009 年，共和国成立 60 周年，秦文贵与王进喜、王启民一起当选"100 位新中国成立以来感动中国人物"。

中国科技界榜样、两院院士侯祥麟

形象 4

侯祥麟 科学 报国

他出生那年，“中华民国”宣告成立；

他上小学时，意义深远的“五四”运动爆发；

他刚刚迈进大学校门，“九一八事变”发生，日本侵华战争开始；

他第一次表达了自己坚决加入共产党的愿望后不久，“七七事变”震惊了全国上下！

侯祥麟人生的开始以及青少年时代的每一个重要阶段，几乎都和中国近代史上的标志性事件息息相关。38 岁之前，他为解放中国而努力，38 岁之后为新中国的建设而奋斗。一个世纪过去了，“侯祥麟”三个字轻轻悄悄地融入中国历史。

1. 20 世纪 60 年代初，北京

在国民经济进入严重困难时期，20 世纪 50 年代末东北松辽盆地发现的大庆油田，点燃了共和国经济崛起的希望之光。

然而，中苏关系恶化，以前完全依赖进口的航空煤油日渐减少，国内试产的油料，在地面试验和空中试飞时均出现喷气发动机火焰筒严重烧蚀的问题，无法再投入使用。军用和民航飞机使用的航空油料已经到了极其紧缺的地步。

1960 年 8 月 16 日，国务院副总理聂荣臻写信给石油工业部部长余秋里：

> 航空油料仍完全依赖进口。煤油的技术问题还未解决，汽油只能生产部分型号，润滑油也有不少问题。这些情况使人担心，一旦进口中断，飞机就可能被迫停飞，某些战斗车辆就可能被迫停驶。

余秋里十分焦急，见到侯祥麟：“搞不出航空煤油来，我们过天安门都得低着头啊！”

一次，他甚至“威胁”侯祥麟：“你们再解决不了这个问题，我就把你们研究院的牌子倒过来挂！”

侯祥麟十分理解余秋里的心情——他实在是着急啊！

侯祥麟自己也心急火燎。在此时此刻，他前面是国产航空煤油严重烧蚀火焰筒这只顽固的拦路虎，后面是刻不容缓需要航空煤油的战斗飞机，他感受到前所未有的压力，组织起 6 个研究室的百余名科技人员背水一战。

2. 1960 年，石油科学研究院

1960 年，在京郊的一座平房里，异常紧张的气氛弥漫着整个房间。侯

祥麟坐镇指挥着一次经精制的玉门航空煤油的小单管燃烧试验。

几次试验后，他推断对镍铬合金火焰筒的高温烧蚀，可能是由于我国航空煤油含硫低所引起的，这是从未有人提出过的烧蚀机理。加入硫化物后，高温烧蚀难关一举攻破，试验获得成功。

1960 年 9 月，在侯祥麟和全体研究员的不懈努力下，终于研制出了合格的航空煤油。

3. 1961 年，石油科学研究院

1961 年，航空煤油开始投入生产，正式供应中国民航和空军部队。

航空煤油的问题成功解决后，研制航空航天工业所必需的各种润滑油脂又成为迫切需要解决的问题。侯祥麟开始组建新的队伍，建立实验室、中型试验装置，直至建设起小批量生产工厂。他亲临现场指导确定技术路线，审定试验方案，产品配方，鉴定试样。

氟毒性很大，腐蚀性强，又极易爆炸，研究院许多同志白血球大幅度减少，有人被烧伤，有人牙齿脱落……

为了掌握反应规律，寻找设备故障，大家不顾中毒和爆炸的危险，几十次拆卸电解槽和反应器。

年底，全氟润滑油及其他品种相继诞生，研究院里一片欢腾。

4. 1962—1965 年

1962 年 10 月，石油工业部在香山召开炼油科研工作会议，决定集中各方面的技术力量，独立自主开发流化催化裂化、铂重整、延迟焦化、尿素脱蜡以及有关的催化剂、添加剂五个方面的工艺技术。因为电影《五朵金花》

上映不久，人们也就把这五项炼油工业新技术称为“五朵金花”。

在培育“五朵金花”的日日夜夜里，侯祥麟在研究院、试验室、炼油厂间不停奔波。大到科研方向、试验方案的制订，小到试验的每个环节都亲自抓，亲自过问。

“五朵金花”终于结出了丰硕的果实，我国汽油、煤油、柴油、润滑油四大类产品自给率达到100%，中国人使用“洋油”的历史结束了。

我国炼油工艺技术实现了重大飞跃，接近国际先进水平。

1965 年 8 月底，导弹润滑油试制完成，保证了新型号导弹第一次发射成功。

5. 1978 年春—1984 年

全球性能源危机，油价直线上涨，炼油厂面临的形势尤为严峻。

1978 年，66 岁的侯祥麟被任命为石油工业部副部长，主抓科技工作，兼管炼油生产。侯祥麟从节约能源入手，首先抓管理，培养典型，全面推广，科研工作取得了一系列新成果。

炼油工业生产技术水平也有较大提高，节能成果尤为显著，能耗下降了大约 40%。每炼 1 吨原油的综合能耗由 1978 年的 105.5 万大卡降到 1984 年的 71 万大卡。6 年中，共节约燃料折合原油 930 万吨，有些炼油厂原油蒸馏装置能耗标准达到了世界先进水平。

6. 1981 年春

广东老家传来消息，县里落实政策，将归还侯家祖上的 40 多间房屋，价值百万元以上，只需由侯祥麟签字即可移交。

思量再三，侯祥麟复信：

国家百废待兴，教育先行，房产宜办教育，全部捐给国家。

……

7. 1986 年 7 月 8 日，罗马巴比雷尼宫

意大利阿吉普公司董事长向第一位获得“马太依”国际科学技术奖的中国科学家侯祥麟颁奖，出席颁奖会的意大利总统科西加亲自向侯祥麟表示热烈祝贺。

回国后，侯祥麟把 2.5 万美元奖金全部捐给国家。

8. 2003 年 5 月，侯祥麟家

温家宝总理和中国工程院院长徐匡迪一起来到侯祥麟家，希望他来牵头做“中国可持续发展油气资源战略研究”这项国家重点课题。

侯祥麟 91 岁了。他知道这个研究项目很大，涉及面很宽，情况也很复杂，他的身体和年龄似不适宜。但总理十分恳切，侯祥麟觉得无论对国家还是对整个石油石化行业都义不容辞，接受下来。

有人劝：“90 多岁了，歇歇吧！”

侯祥麟：“我国今后的石油道路并不平坦，但愿我的努力能让这条路少一些坎坷。”

他组织 31 位院士和 120 名专家学者，组成了高层次的研究团队，全身心地投入课题的组织和研究之中。

9. 2004 年 6 月

老伴李秀珍与世长辞，很多人都为侯祥麟担心。一个多月后，这位坚强的老人从悲伤中重新站了起来，再次投入“中国可持续发展油气资源战略研究”中。

6 月 25 日上午，侯祥麟字斟句酌，从前瞻性、战略性的高度，实事求是地分析了我国油气可持续发展的历史、现状和未来，汇报了中国工程院的“中国可持续发展油气资源战略研究”咨询项目。与会者高度赞扬了这位老人。

“中国可持续发展油气资源战略研究”咨询项目成为我国“十一五”发展规划和我国实现小康社会发展决策的一项重要依据。

字　幕：

“我从小就喜欢看星星。1945 年我赴美留学，轮船驶入印度洋。在跨越赤道的夜晚，我仰望浩瀚的星空，突然看到了南十字星座。这是我梦寐以求的事情，更是我多少年的向往和追求啊！在科学研究的工作中，每一个难题的攻破，都会伴随着这样的惊喜。站在新世纪的起点上，人生的风风雨雨都已成为过去，我的心境一片明朗和宁静。

“我知道我所经历的人生道路，也是相当多的中国知识分子走过的路，我的一生无处不打下深刻的时代烙印。”

链　接：

1912 年 4 月，侯祥麟出生于广东汕头。

1931 年，19 岁的侯祥麟考入燕京大学化学系，暗下决心，立志要创造新的化学明珠，让她照亮黑暗的旧中国。

1938 年 4 月，也就是抗战爆发之后的第一个春天，侯祥麟秘密地加入中国共产党，成为最早的红色科学家之一。

1944 年早春，组织批准侯祥麟报考自费留学生。

1945 年到美国后，侯祥麟在匹兹堡卡乃基理工学院攻读化学工程学。

1949 年，他受聘于美国麻省理工学院化工系燃料研究室任副研究员。同年，他和几个党员推动成立了留美中国科学工作者协会，其后带领留美科协中 300 多名科学家和学者先后回到祖国。

1956 年，侯祥麟担任石油工业部技术司副司长，主抓我国炼油科技工作。面对国内国际形势，他深感肩上的担子越来越重。

1983 年 7 月，中共中央、国务院批准成立中国石油化工总公司，侯祥麟兼任总公司技术经济顾问委员会首席顾问。

1988 年，他作为第七届政协常务委员会科教文卫专业委员会副主任，一上手就抓科研体制改革的调研，他带领调研组深入北京、上海的科研院所和企业调研。

1990 年，他完成了《进一步完善和深化科技体制改革》，1992 年又完成了《加快科技成果转化为生产力的步伐》，并提出了具体措施。

他是著名的化学工程学家、燃料化工专家、两院院士，他领导解决了中国喷气燃料的特殊技术问题，他研制导弹、原子弹等尖端武器所需的各种润滑材料，他是中国石油化工业的开拓者和奠基人。

“石油神探”苏永地（中）

形象5
苏永地 石油神探 地质

多次谢绝国外石油公司的高薪聘请，联合公司为他专门增设岗位，伙伴公司的专家找他探讨和切磋有关地质构造、油藏解释等方面的问题，公司所有专家确定井位都来请教他。他热爱地质，是享誉非洲的“石油神探”。

1. 1997 年，河南濮阳，中原油田研究院

中国石油天然气集团公司中标苏丹 A/B/D 区项目，急需对油田地质资料进行综合研究分析。

苏永地和同事接受了这项特殊的任务，必须在两个月的时间内完成该油田 126 平方公里的三维地震解释，并提供 10 口优质探井井位的任务。凭着具有油田精细解释的实际经验及对地震交互解释软件的熟练应用，他们夜以继日，拼命工作。

一个月后，他们完成了尤尼体三维地震 5 个目的层的解释工作，编制出了 A 和 B 等五层构造图，为 A/B/D 区确定产能建设方案立了头功。

苏永地的研究成果得到了合作伙伴专家们的重视。

2. 1997 年 7 月，苏丹 A/B/D 项目勘探部

苏永地被点名调入苏丹 A/B/D 项目勘探部工作。

他与其他地质专家一道，在完成地震解释、编制构造图的基础上，根据该区油藏特点进行了详细的地质综合分析，以 B 和 A 为主要目的层进行精心设计，针对 9 个断块提出了 9 口探井的设计井位，成功率 100%。

其他伙伴公司中，一个合作方的专家确定的 11 口井位，包括探井、评价井和开发井，仅成功 8 口；另一合作方的专家确定的一口探井，以失利告终。

这次成功，改变了外国合作方公司对中方技术水平的怀疑和不信任，为 A/B/D 项目在制订勘探开发技术方案的主导地位奠定了基础，为中国人争了气。

他是负责地震资料精细解释工作的，发现公司急需 A/B 区地质构造图，就下决心攻破这个难关。

某石油公司十几年的地震资料和联合公司自己采集的地震资料堆积如山，现在要把每一份资料、每一条测线理出头绪来，非常艰苦。

他每天工作到深夜，反复翻看和研究这些资料，进行分类消化吸收，分析所有已钻井的成功与失利原因，探寻成藏条件和油气富集规律。

不到两个月，他完成了 1 ∶ 10 万的囊括 A/B 区主体部位的 B 顶面构造图。这也是联合公司 1996 年底组建以后的第一张区域构造图。

3. 2002 年，苏丹 D 区

A/B/D 区勘探难度越来越大，风险也越来越高，苏永地通过细致工作和综合地质分析，滚动发现多个复杂断块油藏，占 GNPOC（大尼罗石油作业公司）勘探新发现的 70%。

其中 W 井和 E 井分别试油自喷高产油流，连续打破联合作业公司勘探单砂层试油最高日产量纪录。

苏丹 D 区是大尼罗作业公司勘探的重点和难点，某石油公司早期经过近 20 年勘探，仅发现一个很小的次生油田。

苏永地在该区组织技术人员开展技术攻关，实现了 D 区勘探重大突破。

4. 2003 年，苏丹

联合作业公司的一位经理写信给中国石油勘探开发公司和集团公司主管领导，高度赞扬苏永地的敬业精神和为项目所作出的突出贡献。

2003 年年底，由苏永地直接确定的预探井井位发现多个断块油藏，探明巨大石油地质储量，占勘探所发现储量一半以上，为苏丹 A/B/D 项目建成大油田提供了储量基础。

继 2003 年在 D 区获得发现建成新产能之后，2004 年又在 N 区取得重大发现。9 月 18 日 N 井 B 组试油，获得高产轻质油，再创 A/B/D 区试油历史最高产量。

字　幕：

这些年，苏永地参与了苏丹 A/B 区所有三维地震资料、大部分二维地震资料和 D 区部分二维地震资料的解释成图，精细解释了 22000 公里二维地震资料和 1730 平方公里的三维地震资料。连续多年被评为公司先进工作者和“尼罗十佳”。1999 年被评为中国石油天然气集团公司劳动模范，2004 年获国资委“中央企业劳动模范”光荣称号。苏永地以他对地质工作的独到认识和丰硕成果，在联合作业公司树立了中国技术人员的新形象。

“大庆新铁人”李新民

形象 6

李新民 大庆 新铁人

在他任队长期间，1205 队在全国钻井队中钻井进尺率先突破 200 万米，相当于钻穿 226 座珠穆朗玛峰，连续 15 年实现年人均向国家交一口井。

他，就是“大庆新铁人”——李新民。

1990 年，李新民从大庆石油学校毕业，被分配到铁人王进喜带过的 1205 钻井队。

刚开始，队里开展班组竞赛，每次打大钳他都扣不上钳框，有一次因为技能没过关还被请下钻台。为了尽快掌握钻井技术，他把全队人都当成师傅。

1992 年 5 月，李新民任井队技术员。2003 年 3 月，他开始担任 1205 钻井队第 18 任队长，在 1205 队一干就是 21 年。

他带领 1205 队成功打出了历史上第一口定向井，创出一个平台打 13 口定向井、平均井距只有 6 米的丛式定向井的纪录。

李新民在油田率先实行中、英文双语报表，率先创办青工岗位技校，先后培养队长、书记、平台经理等 21 人。

他率先实施绿色钻井，带领 1205 队实现 24 年安全生产零事故。

他带领 1205 队实现由单一打直井向打特殊工艺井转变，组织四次钻机转型，顺利通过 HSE、IADC 和 ISO 9002 国际认证，拿到了进军国际市场的通行证。

李新民带领大庆1205队走出国门，实现了铁人老队长“把井打到国外去”的夙愿，仅用26天就完成苏丹C/G区首口水平井，被称为“功勋井”。在苏丹5年，他们两次获得苏丹最高荣誉——PDOC钻井杯。

2010年，他不畏战火考验，转战伊拉克。1205队仅用47天3小时就打完3167米的定向井，创出哈法亚钻井新纪录，打开市场新局面。

2011年6月，李新民被中国石油天然气集团公司党组授予“大庆新铁人”称号。

首口井完钻，GW1205队干部员工与雇员在井场合影留念

巴克一门心思要把自己知道的告诉更多人

形象 7

肉孜麦麦提·巴克 采油工 准噶尔之子

“要和好人交朋友，他会给你指出正确的道路。”

这是一句维吾尔族的谚语，也是父亲在巴克离开家乡时的叮嘱。

一名普通的中国石油采油工肉孜麦麦提·巴克，为何能走进中央媒体的视线？是什么让他得到认可、受到青睐？是巴克与好人交了朋友，还是因为他自己成了为人指路的好人？

1. 1991 年，新疆和田巴格其镇

毛驴车拉着巴克从偏僻的小村庄到几公里外的镇上赶巴扎，摇摇晃晃几公里，就是一次远行。

15 岁这年，巴克考入克拉玛依技工学校。到 500 公里外的克拉玛依去读书，这是一次更远的远行，巴克对未来充满了期待和新鲜。

2. 1994 年，克拉玛依

3 年后，巴克从技校毕业，走进油田，成为村子里第一个走出来的产业工人。刚到油田。

师傅："你坐下吧，咱们聊聊。"

巴克一直站着不动，他一句也没听懂。

师傅："你在家排行老几？"

前面的人说是"老二""老三"，巴克想他是家里第一个孩子。

巴克："老一。"

几次之后，巴克一跟别人说话，就特别紧张，感觉自己像个能听得见的"聋子"，会说话的"哑巴"。

之前的工作和上学都以维语为主。他没想到这刚进单位，连最基本的交流都成问题。

师傅和同事安慰巴克，让他多说话、多聊天。为了攻克语言关、交流关，

他想了好多办法。他像记一幅图一样去记每一个字。如果一句话里有50个字，他就得记50幅图。他写汉字也像在画画，像大罐的“罐”、油藏的“藏”，一遍又一遍地画才记住。

这样努力坚持下来，巴克的汉语越来越好，与同事的交流也顺畅起来。

3. 1994年

在语言上努力的巴克又遇到技术障碍。因为操作不当，在启动抽油机时，巴克一下子被电流打晕了，差点丢了性命。巴克抓紧一切机会，练习技术。下班回到宿舍，脑子里还在模拟操作，测电流，接管线，倒流程。

上班第二年，作业区举行技能比赛，巴克获得第一名。队长特别高兴，专门开庆功会，奖给他一条毛巾被。

这条毛巾被，他一直珍藏着，因为它记录着肉孜麦麦提·巴克因努力而改变、被认可的难忘一刻。

新疆油田给各族员工提供了很多培训和技术比武的机会，巴克被派到东北参加一个技师培训班。课讲完，他追着老师要课件，带的U盘装不下，又买了个大硬盘。去的时候他背的是一袋子馕，回来的时候背了一大袋子书。

巴克拿出学语言的劲头和方法，学习采油技术。后来，巴克成了“全国青年岗位能手”、中国石油技能专家，省部级以上荣誉就有6项。

4. 2002 年，家乡

巴克老家翻盖的最后一间新房落成了，父亲亲手在屋顶大梁上刻上了几个字——肉孜麦麦提 · 巴克。

作为家里的老大，从参加工作那年开始，他就承担了几个弟弟的学费、生活费。六年多的时间，一步一步翻盖了老家的房子。

父亲特别重视教育，经常说：“知识改变一切。” 巴克认为，正是因为有这样的父亲，他才有机会考学出来，用知识改变了命运。

四个弟弟都考上了大学，有两个弟弟还出国深造，一个在沙特阿拉伯，一个在澳大利亚。看着弟弟和自己一样，通过知识改变命运，闯出了自己的天地，巴克特别感慨，他们都走出了一条充满希望的人生道路。

5. 2004 年

巴克的技能水平逐渐提高，他想着，要把自己的本领教给同事，于是他开始承担一些采油培训工作。

巴克说：“机会对我们每个人都是平等的，无论哪个民族，什么性别，只要尽自己最大的努力把本职工作做好，都有机会在平凡的岗位上成长成才。”

巴克办起了免费培训班。单位推行大班组建设，巴克班长带的班从 6 个人一下子增加到 22 个人，其中一多半是少数民族，一些人也面临着他当年学汉语、学技术的困境。

巴克班长发挥自己的优势，让大家像红柳一样抱团成长。一开始，他只是在本班组内辅导，后来渐渐地由班组扩大到作业区，没想到其他作业区的人听说后也都来参加。本来这辅导是针对少数民族员工的，后来很多汉族员工也来了。

讲课时，他先用汉语讲，遇到复杂的内容，再用维语给少数民族员工解释。

根据这些年学习和工作的积累，他梳理出了采油岗位可能出现的 100 多项问题和导致问题的 600 多种原因，还挤时间编写了 50 多万字的民汉对译培训教材。

6. 2006 年年初

巴克的培训班办了两年了，培训备课需要大量资料，但既专业又实用的现成课件太少了，培训时的课件他都自己做。看着一个又一个辛辛苦苦做出来的课件，巴克觉得，其他干采油的同事也可能需要，这些只放在自己的硬盘里就太浪费了。

这时，新疆油田正在建设数字油田，巴克想到了用好网络。他创办的“红柳石油网”正式上线，把手里所有的资料第一时间上传到网站，供网友们免费浏览、下载。可是网站的建设很曲折，巴克调试服务器时，域名突然被盗用无法访问，遭恶意灌水被封闭，因服务器提供商的欺诈导致瘫痪……

为了网站，他陆续投入了四五万元钱。有人说，这些钱在你家乡可以盖几间大房子。有人上网是打游戏、交网友，有人办网站是接广告、拉赞助，你又费精力又费钱，到底为了啥?

巴克没有解释。

有位叫宋宝玉的网友，在东部某油田干采油，有一次宋宝玉急需一份技术资料，巴克手里也没有现成的，就连夜给他做了一份。

后来宋宝玉给巴克打电话，开口就叫“老师”。

巴克不好意思了，赶紧解释：“我不是老师，就是个采油工。”

宋宝玉很认真：“我从你这里学到了很多，现在我也成了油田的技能专家，你是当之无愧的老师！”

7. 2007 年，新疆，克拉玛依第三中学

巴克已经考过了汉语八级。克拉玛依第三中学专门聘请巴克当普通话宣传员，巴克成为新疆克拉玛依市唯一的维吾尔族宣传员。

他给同学们上第一次课，90% 的孩子来自农牧民家庭，生活比较贫困，而且大多数来自巴克的家乡和田。

700 多名孩子知道巴克老师也是和田人时，使劲给他鼓掌。看着巴克老师到国内外学习时拍的照片，同学们既好奇又羡慕。

巴克老师指着特意挑选的一张照片，那是每个和田人都熟悉的“千里葡萄长廊”。他把当年鼓励自己的那句话分享给了这群可爱的孩子。

巴克：“我们是从同一个地方走出来的，我能做到的，你们也一定能！”

这时候，有个羞涩的小姑娘站起来，怯生生地。

小姑娘：“麦麦提叔叔，你真棒！你说只要我好好学习，以后真能像你一样吗？”

8. 2013 年，新疆油田

中国石油天然气集团公司在新疆油田召开“千队示范”工程现场会。

巴克的班组有 22 名员工，少数民族员工 12 人。他一直倡导“像红柳一样抱团成长”的管理理念。在他的带领下，班组先后获得“中国石油铁人先锋号”“全国企业班组文化建设十优单位”等 11 项荣誉。

巴克所在的班组作为现场参观点得到了全体参观人员的好评，先后有 5000 余人次到班组参观学习。

巴克：“我就图个大家都能把技术提高，把工作干好，生活得更好一点。帮助了别人，自己也快乐。”

9. 2014 年，克拉玛依油田

5 月，克拉玛依市油田党委授予肉孜麦麦提 · 巴克为“民族团结，岗位成才”标兵，号召全体市民向他学习。

6 月 30 日，巴克在北京中国石油天然气集团公司举办的驻疆企业“民族团结进步，共建美好新疆”报告会上作名为《自强照亮追梦路》的报告，这是他深刻的人生感悟。

8 月，他被推荐为全国技术能手候选人和中国好人榜候选人。

这些年，巴克获得的荣誉和证书，都整齐地摆放在书架里。

但有一个特殊的荣誉，放在老家，是他父亲给的。

巴克回老家过古尔邦节，父亲拉着他的手，指着房梁让他看——那是父亲亲手刻的巴克的名字。

字　幕：

肉孜麦麦提 · 巴克曾是一句汉语不会说的南疆小巴郎，现在他成为新疆油田重油开发公司一名优秀的采油班长和技能专家。他先后参加了 1200 多天的技术培训，用 11 年时间学了两个大专和一个本科。自 1994 年工作至今的 20 多年里，获得全国青年岗位能手、第五届“全国各族青年团结进步优秀奖”、新疆维吾尔自治区劳动模范、中国石油天然气集团公司技术能手等荣誉 27 项，其中省部级以上荣誉 6 项。为了帮助更多的少数民族员工学好汉语、掌握技术，他编写了《少数民族员工专业汉语学习手册》《高级工鉴定前培训资料》等教材 50 万字，培训各族徒弟 4000 余人。他帮助 150 多名员工技能晋级，所带的 20 多名徒弟中获得新疆油田公司职业技能大赛一等奖 2 名、二等奖 4 名、三等奖 9 名，其中一人获得集团公司职业技能竞赛采油工铜牌的好成绩。

凭着“用学习创造一流工作”的劲头，王海班组的每一位成员都茁壮成长

形象 8

王海 炼塔 班组

王海是一个人，王海也是一个班。将一个人的品质融入一群人中，他的名字便成了这个班的名字。

抚顺石化公司是百年企业，改革开放以来，抚顺石化向世界尖端石油深加工技术迈进。

1993 年公司引进国外技术，成立分子筛脱蜡车间，王海出任班长。在王海的带领下，他们仅用 25 天就出色地完成了国外专家50天才能完成的装填任务，而且还创造出装填率98.4%，超过国外专家装填效率98%的纪录，为装置提前开工赢得了宝贵时间，国外专家为之惊叹佩服。

王海被派往国外学习，他将掌握的新科技操作知识带回国，带领班组成员掀起一个学习世界先进技术的热潮，闯过了工艺流程关、生产操作关、事故预案关“三关”，使大伙儿成为熟练操作国外设备的能手。

他的班组成员在装填吸附剂等操作中创造了两项世界纪录，为企业创造巨大的经济效益。

王海说：“今后在工作中你们就向我看齐，我要是迟到一分钟，你们就可以迟到一小时；我要是坐着打一个盹，你们就可以趴下睡觉；我要是抽一根烟，你们就可以抽一盒！”

这句话很快传开，“向我看齐”成了一句口号，王海也一下子戒了抽了20多年的烟。

王海每天都是提前半个小时到车间。班里职工都向王海看齐，还没到上班时间就开始了巡检工作。工人小吴两次上夜班时迟到，王海按制度规定扣了他50元钱奖金。一天上班，王海送给小吴一个礼物，小吴一看是个闹钟。王海告诉小吴，有了闹钟，按时提醒你上班，就不会迟到了。小吴十分感动，收下这个礼物后，就没再迟到过。

2005年的一天，一个泵房里冒出浓烟来。

王海和工人孙伟同时发现了这一险情，却对孙伟说，你靠后，不许上前来。他冲进泵房，冷静而果断地进行处理，避免了一场事故。

当年大庆人有一句话：为油田负责一辈子。王海班把这种精神继承为：

“一岗精、两岗通、三岗清”。

王海带领班组积极参加公司组织的练兵比武和星级班组达标竞赛等活动，采取拜师学技、师徒同奖同罚和过“三关”考核等措施，激发大家学习热情。

王海班经过不断探索，总结出“精细操作安全受控三步十二法”，面对两次大停水、三次大停电、多次仪表停风等突发事件，一次次化险为夷。

王海班的 DCS 计算机操作系统全是英文界面。几千个阀门，上万米的管线，所有的塔、罐、炉的控制系统，各种温度、压力的变化都是用英文标注的，要是掌握不准确，操作时出现失误，轻则着火，重则爆炸，损失少则几百万、上千万元，多则几十亿元。

就凭着一股“用学习创造一流工作”的劲头，班里有 3 人胜任全部 11 个岗位，9 人具备三岗以上技能。

这些年，王海班先后外输主力 78 人，培养出 20 多名技术状元、10 名班组长、40 多名技术骨干。

王海班严格管理，增强了队伍的组织性、纪律性，但是班组成员并不感到压抑和拘束，而是享受到一种和谐的愉悦。

“不压抑”，说的是在王海班工作感到轻松，复杂操作的压力被快乐所取代。

“不猜疑”，说的是在王海班不用担心谁算计谁，谁误解谁，谁难为谁，大家有啥说啥。

“不客气”，谁家有事说一声，大家都会尽力帮助解决。

这三个“不”让大家感到，到王海班就像到家一样，有一种轻松快乐

的感觉。学习上，谁有什么不懂的难题，大家会帮你解答；遇到疑难问题，大家你一言我一语就能够解决

王海班的每名员工谈起自己的集体时都充满了感情。他们都有一种强烈的归属感，认为班组是个大家庭。

王海带领全班职工在平凡的岗位上为企业多创效益上千万元。王海班被评为中国石油“百面红旗”单位、全国职业道德建设百佳班组。

2007 年 3 月，中华全国总工会、中央文明办、国家发改委等 10 部委联合授予王海班“全国学习型示范班组”称号。

油气田开发地质学科带头人赵丽敏

形象 9

赵丽敏 中东 大庆

中国石油经过 18 年的努力，为所在资源国新探明并开发的油气年产量超过 1 亿吨。按照合同规定，获得的权益油气当量产量已经达到了大庆油田曾经保持的最高水平。

赵丽敏作为中国石油征战海外的一员，16 年间参加十多个海外重大油田开发方案、调整方案研究和技术支持工作，在委内瑞拉、哈萨克斯坦、阿曼、苏丹、阿尔及利亚、尼日尔、伊拉克等国留下印记。

1. 2011 年，中国石油勘探开发科学研究院中东研究所

2010 年，中国石油在伊拉克第二轮国际招标中成功获得哈法亚项目。项目部要求半年内必须提交油田初始开发方案，才能正式开始实施。

赵丽敏所在的中东研究所 35 岁以下青年员工占 60% 以上，她是研究院海外中心油气田开发地质学科带头人。她带领研究团队扑在油田开发方案编制工作上，夜以继日，面对从未遇到的大型碳酸盐岩油田的技术难题进行攻关。

中国的春节已经到了，家家户户已经准备好年货，外地工作的人们都从各方回家团圆。

赵丽敏："妈妈，祝您节日好。今年春节我不能回家过年了。"她在办公室给大庆的母亲打去电话，要加班编制哈法亚油田的初始开发方案。

接到项目的 5 个月后，团队高质量完成了哈法亚油田初始开发方案，得到了资源国和合作伙伴的高度认可和赞誉，充分体现了中国石油在大型油田开发上的技术实力，为项目经营抢得先机。

2. 2011 年，中国石油勘探开发科学研究院中东研究所

年底，韩海英进入中东研究所，被安排到赵丽敏的科室进行博士后的工作和学习。他第一次做碳酸盐岩的地质研究，工作刚开始，举步维艰。

赵丽敏把他叫到办公室，讲解碳酸盐岩与碎屑岩储层地质研究中的差别。

近几年，赵丽敏作为导师组成员主动承担了研究生培养工作。工作中，除了完成自己负责的课题外，也时刻关心着整个项目的研究进展，重要的环节更是细致入微。每解释一口新井，她都要将重点层段和容易出问题的

层段检查一遍，把好质量关；前线最新的第一手资料，她马上通过网络共享文件夹分发到所有人手中，并定期检查资料的完整性。

3. 2012 年，中国石油勘探开发科学研究院中东研究所

春节，赵丽敏又不能回大庆过年了。初始开发方案交出去后，她又开足马力编制正式开发方案。她建立的地质模型像是给哈法亚的地下做“B超”，将哈法亚油田古老的碳酸盐岩台地的地下情况做了全面透视。

5 月，韩海英把做出的成果给她审查。他在做一些较薄的油层统计时，常常有所忽略。

赵丽敏：“我们要尊重客观事实，不能为追求图件漂亮而忽略细节，下结论要讲证据，要有严谨的科学态度。”

她将自己的经验告诉学生，避免学生再走弯路。院里有讲座，哪怕工作再忙，她都鼓励年轻人去参加。在开发地质方面，她的一些思路和看法具有很强的建设性和针对性，给韩海英带来很大启发。韩海英论文中的一些结论逐渐成形，出色地完成了博士后出站报告。

成都有次碳酸盐岩交流的机会，赵丽敏没有发言，而是把机会让给了几个年轻人。

6 月到了，项目部按照正式开发方案，油田提前投产，成功建成 500 万吨产能，他们期待着 2014 年千万吨产能建成。

4. 2013 年，伊拉克，哈法亚油田

1 月，赵丽敏穿着冰冷厚重的防弹背心，在荷枪实弹的保安“押解”下，走出伊拉克巴士拉机场，抵达富油的哈法亚油田。

来不及倒时差，赵丽敏感到十分兴奋。她和同事们扎进会议室里，向项目公司介绍开发方案。

作为第一批在海外技术支持体系中掌握三维地质建模的技术人员，赵丽敏多年来承担了大部分海外油气田储层建模研究课题。

她深入分析不同类型油气藏的地质特点，提出了适合油气藏特征的储层建模思路和方法，集成创新动静结合、多信息综合的三维地质建模技术，为油田开发提供了可靠的地质模型和井位部署基础，在油田开发中起到了至关重要的作用。

曾经，在苏丹6区Fula油田调整方案研究中，时间紧、任务重，赵丽敏加班加点、一丝不苟。针对Fula油田复杂断块多套储层的特点，她完成了116个油气藏的综合地质研究，制定出挖潜开发技术，部署的55口开发调整井单井日产达到100吨以上，保障了苏丹6区年产200万吨以上持续高产稳产。

5. 2014年，迪拜

1月，项目组向伊拉克项目公司和伊方专家汇报2013年度科研课题研究进展。由于签证原因，有两个课题的负责人不能一同前往。

作为油田开发方案通过后第一次重大项目汇报，此次技术交流对制定哈法亚油田的开发策略意义重大，同时也是伊方对中方技术支持团队实力的一次考验。

为了顺利完成这次汇报，赵丽敏除了准备自己负责的课题外，主动承担了另外两个课题的汇报工作。北京的同事们无不为她捏一把汗。

基于深厚的学术功底和对哈法亚各油藏的整体把握，在巨大的工作压力下，赵丽敏5天内完成了3个课题的熟悉、理解和整改，最终顺利完成了汇报任务。

字　幕：

大庆是铁人战斗过的地方，赵丽敏出生于大庆油田，毕业于大庆中学。生于大庆、长于大庆。

她获得省部级、局级科研成果10多项，多次登上世界石油大会、石油工程师协会的舞台进行学术交流，多次受到国资委和集团公司表彰，曾获得“中央企业劳动模范”“中国石油海外油气合作优秀员工”等荣誉称号……

解释一个人的方式有很多种，可当石油科技、海外、女性这些词与大庆结合在一起时，她的图像渐渐清晰。

中国石油焊接专家徐龙杰

形象 10

徐龙杰 农民二 焊接专家

用 20 年时间实现从青年农民到高技能产业工人，从金牌选手到金牌教练，从普通技能专家到首席技能专家的蝶变，实现农民工向新时期技能型、知识型、创新型、专家型员工的跨越，徐龙杰成为我国亿万农民工中杰出的代表之一。

1. 1994 年

5 月，吉化建设公司到徐龙杰所在学校招收农民季节性临时工。18 岁的徐龙杰热切地来到了当时吉化建设公司金属结构厂当上了一名电焊学徒工。

他开始拼命学习。别人都去吃饭、逛街了，他还跟在师傅后面问东问西；一本焊接教材，别人要看两三个月，他一个星期就能背下来，他还没完没了地向人请教问题。他的师傅王喜江感觉这个小徒弟很不一样。

入厂 2 个月，徐龙杰得了一个绰号——“砖家”。

为尽快掌握焊接理论，月工资只有 90 多元的徐龙杰，在食堂常常只买两毛钱的咸菜，就着免费汤下饭，剩下的钱都用来买书。

为增强臂力，提升肺活量，学会控制呼吸，徐龙杰每天都练倒立行走，还要憋气、连做俯卧撑、不换气，得保证长时间端着焊枪手不抖。

2. 1999—2000 年

徐龙杰脱颖而出，一举夺得一等奖，成为令工友们艳羡的“双技明星”。

2000 年，在中国石油天然气集团公司全国焊工大赛选拔赛上，“黑马”徐龙杰再次突破自我，夺得第一名。2001 年，公司保送他到西安交通大学焊接专业深造。在吉化建设公司 3000 多农民工中，徐龙杰成为有史以来第一个被保送上大学的人。

随后，首届“中国青年学习成才奖”“全国技术能手”“中央企业知识型先进职工标兵”“全国五一劳动奖章”等荣誉纷至沓来。

3. 2006—2008 年

徐龙杰正式被中国石油天然气集团公司聘为电焊技能专家，曾经的“砖家”破茧成蝶，成为“专家”。

2008 年 6 月 6 日，“徐龙杰焊接专家工作室”诞生，徐龙杰如虎添翼，有了更加广阔的施展才华的空间。“面向施工生产，专注技术攻关”——他立下了这样的铿锵誓言。为此，徐龙杰每年都带领团队向东北工程建设板块征集课题，组织专项研究攻关。

新疆 10 万立方米大型储罐施工项目进入关键阶段时，罐底周长达 200 多米的大角缝焊接，成了阻碍工程进度的“绊脚石”。

用手工电弧焊方法，很容易出现咬边等质量问题，施工负责人说必须采购专业的埋弧角平焊机。但徐龙杰考察发现，这种设备比普通焊机贵出 2 ~ 3 倍，于是提出自行改造。

他率团队成员找来施工边角余料切割、打磨，一次又一次实验，仅用 3 天时间就将新型电焊机研制成功，不仅节约专用焊机购置费 12 万元，还提高工作效率 4 倍，使工期由原来的 140 天减少到 110 天。

为了带好学员，培养出更多高技能人才，徐龙杰的书柜里除了琳琅满目的专业书刊外，还摆放着《心理医生》《教练型领导》《演讲与口才》

等书籍，这都是他为了完成好从“金牌选手”到“金牌教练”的角色演变，特意买来研读的。

4. 2014 年

“徐龙杰工作室”成立 5 年多，累计培训高技能员工 229 人次，培养出省级以上技术能手 4 人、工人技师 5 人、公司级技能专家 1 人、吉林省首席技师 2 人、全国工程建设系统优秀焊工 4 人。

他带领工作室成员共解决现场难题 21 项，开发新工艺 9 项，新技术课题攻关 11 项，获得 3 项部级技术成果和 1 项国家级工法，不仅创造出显著的经济效益，而且有效降低了工人的劳动强度，改善了一线作业环境。

字　幕：

这些年，经常有人问徐龙杰苦不苦、累不累？

“其实，有兴趣就不觉得苦，有梦想就不觉得累。”

徐龙杰现在的梦想有两个：一是为公司解决更多的焊接技术难题，二是培养出更多有出息的徒弟。

“作为企业梦、中国梦中的微小细胞，我的梦只有起点、节点，没有终点。”

何锐与当地雇员交流感情

形象 11

何锐 非洲 沼泽

在非洲东北部的苏丹境内，活跃着一支来自中国的国际地震队，46 岁的何锐是该队队长，他所率的东方物探苏丹项目经理部 9721 队已在苏丹沼泽里奋战了 14 年。在这个被联合国宣布为“世界最不发达国家之一”的地方，他和他的队员们既目睹了贫穷的可怕，更深知“最不安定国家”的内涵——政局动荡、恐怖袭击、不法武装侵扰……他知道这里的危险，但，从走向沼泽起，他就全心投身在了这片魂牵梦绕的沼泽。

1. 去苏丹土著部落

天空阴云密布，何锐走在去当地土著人家的路上。一大片沼泽地在前方展开，临近了，什么东西掉落在沼泽，慢慢被吞了进去。

苏丹地处尼罗河上游盆地，河网稠密，地势低洼，排水不畅，雨季时洪水泛滥，导致盆地土壤中水分过多，沼泽遍布。河流、密林、湖泊、季节性漫水河在这里纵横交错。

何锐所在的工区内根本谈不上有路，每天他要换乘4种不同的交通工具，才能从驻扎的营地到达上班的工地。

这里与他曾待过9年的塔克拉玛干，真是不相伯仲。这里是沼泽，那里是荒漠；这里是水网，那里是狂沙。

2. 中国

领导："咱们物探9721队正在苏丹沼泽施工，是个烫手山芋啊！敢接吗？"

何锐兴致高涨："我从来没干过沼泽，让我试试吧。"

领导："老实说，我们也很希望你能接手9721队，成为这个队的队长。"

1999年5月，伴随东方物探海外业务的发展，何锐走出国门，成为海外勘探将士的一员。46岁，恐怕他自己也没想到，竟然会和他的地震队在闻之生惧的苏丹沼泽奋战14年。

3. 苏丹土著人家

黑色的手和黄色的手都在比划着。不久前，9721队测线的工作被当地人阻止了，何锐到当地部落来进行交涉。

苏丹的官方语言是阿拉伯语，可土著还有自己的表达方式。何锐和他们用语言根本无法沟通。同行的两名员工看着他和土著人连说带比划地交流着，画面原始，却又生动。双方的眼神传递着人类基本的理解和信任。

土著人痛快放行了。

员工："队长，你都听懂了？"

何锐点点头。队员不可置信地摇头。

在国内，施工的队伍和附近的居民打交道是常有之事，这是苏丹，而且是苏丹的土著部落。对何锐来说，也许是一样的。他从一开始就主动走进了他们的家中，用连说带比划的原始方式和他们聊天交友。

他们喜欢上了这第一个主动走进他们部落里的外国人，阴云密布的苏丹沼泽接纳了这个来自东方的找油人。

4. 9721 队所在的 AZRAQ 工区

2003 年 4 月 8 日，暴雨倾盆，工区 30 多顶帐篷被毁。何锐身患马来热（疟疾），正发着高烧，冲出营房车指挥营地人员抢险。生产没有因为暴风雨受到影响，接下来几天，他持续高烧不退。

从苏丹项目的开工初期到现在，他的体重已经下降了十几公斤。

5. 小营地

2006 年 1 月 13 日，苏丹当地一伙不法武装人员包围了小营地，十几名中国员工被武装人员强行押往瑞亚村。

何锐急红了眼："不管用什么办法，必须把弟兄们救回来！"

他四处奔波，疏通各种关系，最终通过当地武装最高首领把人救了出来。

6. AZRAQ 工区

2012 年 4 月，何锐带领 9731 队承担了 530 平方公里的三维地震任务，该队搬迁到 AZRAQ 工区。此时，南、北苏丹武装力量在工区附近发生了激烈的武装冲突。

午夜时分，驻队甲方安全官要求所有中方人员一个小时后撤离。

何锐立即召集组织中方人员紧急部署，有条不紊地组织 300 多名当地雇员紧急撤离。由于事前安排周密，整个队伍保持稳定，没有发生任何骚动。

字　幕：

14 年，何锐在苏丹项目里，学习做一个“国际人”，用一双看着世界的眼睛去看待当地的人民和自然。他带领的 9731、9721 等国际地震队，创造了 90 天完成 530 平方公里三维地震的新纪录；他带领地震队克服社区治安、环境恶劣等困难，高效完成苏丹过渡带施工任务，完成合同额 7940 万美元。

如今，何锐依然率领地震队转战在那片苏丹沼泽上……

全国五一劳动奖章获得者马新平

形象 12

马新平 铆工 井架"整形"

人们称他为"整形"专家。但他不为人"整形"，而是为井架"整形"，一切钢结构的问题在马新平看来都没有问题。他所修复的难度较大的钻机井架仅2000年就有200余台，钻机型号从1500米到12000米不等。他根据生产实际提出的上百条关于产品设计、工艺改进方面的意见和建议，都付诸实践并取得良好效果。他这一"整形"的技能，在业内叫作"钢结构调变"。

1. 1978 年，陕西，宝鸡石油机械厂

马新平参加工作就干上了铆工，与石油钻机井架、底座打交道。

井架是石油钻机的主要结构件，是承载受力的主体。五六十米高的井架，垂直度偏差必须在 20 毫米以内，超过这个范围哪怕只有 1 毫米，都可能导致严重的事故。每制作完成一部钻机，都要耗费大量人力物力，但出厂时检验合格的钻机往往因为运输或使用过程中的焊接、磕碰，致使其井架垂直度偏差超过规定标准。若不能对井架变形进行有效矫正，那么，崭新的井架将面临报废、被打入另册的命运。

看到有钻机在生产或转运途中发生变形且无法矫正，马新平感到痛心，因为这意味着极大的经济损失。只有高中学历的马新平开始学了起来，《铆工基础》《机械制造基础》等几十本专业理论书籍堆满了他的案头。

2. 2015 年，钢结构厂结一工区

宝鸡石油机械有限责任公司的钢结构厂结一工区里，有一个唯一以员工姓名命名的班组——马新平班。马新平是班长，在新型井架、底座的组装过程中，他总是毫不保留地将自己的经验、绝招、绝技传授给青年员工。在他的精心指导和培养下，班组员工在操作技能和识图能力等方面个个都能独当一面。

55 岁的他是中国石油装备系统公认的唯一的“石油金属结构制作技能专家”，所有坚硬生冷的井架到了他手里都得乖乖听话，无一例外。在各级领导眼里，他是个“宝”；在国内外竞争对手眼里，他是值得用高薪拉拢的对象；在徒弟眼里，他就是身怀绝技的钻机井架“整形”专家。

井架矫正技术到底难在哪儿？业内人士用了“难以琢磨”四个字。任何结构件的变形都是不可预计的，其变形部位、偏差值千差万别，调变时，需要工人对熘火部位及火候有精确的把握。这样的把握更多依赖一个人的经验和眼力，非一夕之功。

几十年来，就算是马新平的高徒，也常有束手无策的时候，只有马新平，无论遇到什么情况，都能手到病除。全长五六十米的井架即使变形达40毫米，他也能调整到5毫米范围内；别人六七个小时都调不好的活，他用半个小时就能解决。

3. 2009 年，委内瑞拉

电话响起：“公司发往委内瑞拉的 4 台 7000 米钻机，由于运输不慎，井架体多处变形，无法正常使用，委内瑞拉公司已提出退货。公司派你火速出发，赶往现场整改。”

马新平：“仔细勘察后，我们已找到钻机井架变形的原因，这是解决措施和修复方案，我们恳请立即整改。”

用户：“你们能做到？”

马新平：“当然！”

两天两夜，马新平使出绝活儿——氧气熘火，对变形的钻机井架进行了修正。最终，4 台钻机全部达到了出厂设计要求，节约返修费用数百万元。

字　幕：

2006 年，国内首台被国家发改委及集团公司列为重点项目的 9000 米钻机在宝鸡石油机械有限责任公司研制，马新平为此量身定制了在端面增加防变形板的方案，有效解决了 K 式井架端面错台、缝隙超差的技术难题。这一技术经应用改进，沿用至今。

链　接：

他的头上有许多光环，省市“十大杰出工人”、省市“优秀共产党员”“陕西省技术明星”“中国机械工业突出贡献技师”“全国技术能手”“中央企业劳动模范”“全国五一劳动奖章”……各种有分量的荣誉就有 30 多项。他 1978 年参加工作，工龄 37 年，荣誉见证了他的成长之路，更照亮了他的成才之路。

形象 13

李世庆 新时期钢铁钻井队 李氏打法

它的历史不长，2006 年才组建；它的人员结构复杂，由来自 18 个集体的 45 人组成。因为一个李世庆，这支“杂牌军”在短短几年内就干出了名气、打出了声威。大庆油田钻探工程公司钻井二公司 15152 队，这支平均年龄仅 27 岁的队伍成了远近闻名的“新时期钢铁钻井队”。

1. 2010 年，大庆油田

新华社哈尔滨 1 月 2 日电：元月 1 日至 2 日，中共中央政治局常委、国务院总理温家宝来到黑龙江省大庆市和齐齐哈尔市，冒着严寒，登上钻井平台，深入企业、社区和农户家中，亲切看望慰问广大干部群众，代表党中央、国务院向大家致以新年的问候。

1 日 12 时许，温家宝总理一下飞机就驱车直奔大庆油田。

“总理来了！总理来了！”

15152 钻井队沸腾了，工人们纷纷向总理围拢过去。

“在这片黑土地上，几代大庆人顽强拼搏，不仅给国家开采了 20 亿吨的石油，而且形成了一种战无不胜攻无不克的精神，这就是大庆精神！”

这一幕是李世庆心中温暖而幸福的记忆。作为 15152 钻井队的队长，他倍感自豪。

2. 2006 年春

“这支 45 人的队伍分别来自 18 个集体，你怎么带？”

李世庆：“我有信心！”

他为 15152 钻井队拟定的发展目标：一年打基础，两年上水平，三年站排头。

李世庆知道，要锤炼一支钢铁钻井队，不仅自身能力要突出，更要注重提升团队的整体素质。他将师徒帮教、新老帮带、骨干帮扶作为岗位技能培训的日常课题。

2006 年，他带领 15152 钻井队收获年钻井 43 口的好成绩。

3. 2007—2008 年

2007 年春节，15152 队正在抢打一批产能井，李世庆带领员工大年三十在井场上挑灯夜战。

2008 年 5 月，15152 队在采油五厂附近打井。因井压高，需要用重晶石粉来提高钻井液密度。白天，李世庆带领员工扛重晶石粉，晚上跟班指挥生产。五六天下来，别的人可以倒班休息，李世庆却一直连轴转。

2007 年，15152 钻井队钻井 54 口。2008 年，钻井达到 67 口，进尺 8 万米。

4. 2012 年 11 月

大雪纷飞，天气寒冷，15152 队冲刺年进尺 10 万米进入了关键时刻。在打一口疑难定向井的过程中，李世庆在钻台上连续三天三夜奋战，指挥钻进。结果，15152 队创下 3 天一口井、当月 10 开 10 完、进尺 11081 米的钻井高指标。

很快，由李世庆自创的管理精、钻井快、安全好、质量优、成本低的管理模式——“李氏打法”，在大庆油田走红起来。

节约钻井周期取决于对各工序的统筹安排，兵马未动粮草先行是关键：头一口井刚完钻，15152 钻井队就开始准备下一口井所需的水；天寒地冻的冬天，为防止钻井架底盘与大地冻在一起，他们会在搬家前预热井架底盘；为避免搬家时钻具运输迟到，他们把钻具绑在滑道上先期拖过去，再用罐车拉上几根钻杆……

李世庆：“9 米多的单杆，我们要求每杆都要提到最高点，以便井下泥沙充分上返。钻进过程中，我们严格遵守每半杆停止钻进，循环 2 ～ 3 分钟的规范进行操作。每 4 ～ 5 根单杆，我们会停下来循环 15 分钟，以保证匀速钻进。”

字　幕：

几年来，15152 队先后培养了 2 名副队长、1 名技术员、1 名泥浆大班、4 名司钻，对外输送了管理和技术骨干 4 人。2009 年以来，15152 队连续 5 年钻井进尺跨越 10 万米，2011 年进尺超过 12 万米。

中国石油海外油气合作“十大杰出员工”获得者韩民久

形象 14

韩民久 金刚钻 速度

2002 年，韩民久被长城钻探公司派往泰国施工。每逢与一些世界知名石油服务公司交叉作业时，他就因不能清楚表达和自如交流而难受。“环境艰苦我不打怵，语言才是最大难关”。为了过关，韩民久每天工作再累，也要挤出两个小时的业余时间学英语。尤其在接受外国专家培训的一个星期里，整整 7 天，他每天只睡两个多小时。

几个月后，韩民久终于拿到了国际井控资格证。甲方监督敬佩地说：“不用问我也想象得出你费了多大劲儿，中国工人很了不起！”

除了英语，韩民久还学泰语、学新式钻机各项操作技术、学甲方的各种管理制度，甚至连与甲方签订的合同，他都一遍遍“啃下来”。慢慢地，国际钻井市场的各项要求在他心里扎下了根。

2004 年 8 月，GW80 队在泰国开钻，韩民久被聘为这个井队的平台经理。他所面临的情况是：全队员工对先进的全变频数控钻机还很陌生；当地雇员多是刚放下锄头就来到井场的农民，安全意识差，经常出现危险操作……而甲方对井队的各环节作业效率有着严格的规定。一开始，即使大家加班加点每天只睡五六个小时，还是达不到甲方要求。他们钻的第一口井本应一周时间就完钻，但一干却干了十多天；甲方规定钻机搬家时间为 2.25 天，结果用了 6 天还搬不利索……

“这样下死力气干肯定不是办法！”面对窘境，韩民久一边指导大伙抓紧学习掌握新技术、培训新雇员，一边黑天白天蹲守在井场，观察、琢磨。

他渐渐发现，钻机搬家时，由于工序杂乱，几乎一半人忙不到点子上，窝工现象严重。韩民久根据合同要求、管理模式，结合自己多年的钻井经验，编写出了井场所有工序的作业程序，把人、设备、时间、顺序有效合理分配，使员工在操作中“没有一个多余的动作”。

逢钻机再搬家时，大家先根据每次完井时间、搬家路线和路况、搬家距离、天气情况等不同因素，提前做好相应的方案和安全措施，写出搬迁计划书，画好新井场设备摆放位置图，确保设备一次摆放到位；搬迁时，拆卸、运输、安装同时进行，做到原井场有人拆卸、清理，路上有人运输，新井场有人安装、调试。这样一来，几公里或十几公里的路程、110 台车次设备和工具的装卸、井架起放、营房搬安等各工序衔接顺畅，有条不紊。

2010 年，GW80 队创造了 5 公里搬家只用 0.96 天的世界同类钻机搬家的最快速度，实现了当天完井、当天搬家、当天开钻。

合同规定，每次搬家甲方给井队 2.25 天日费，现在，井队搬家平均用时 1.21 天，一年搬家 30 次左右，相当于给自己多挤出一个月时间。所以，GW80 队年年实现超满日费。

身着红色连体工服，个子不高、清瘦、寸发的韩民久是钻井作业现场最忙碌的人，他一会儿跟项目部汇报，一会儿用泰语跟甲方协调，一会儿用英语跟甲方监督沟通，那份专业、娴熟和如鱼得水让人难以相信他的最高学历仅是技校；而即使出差也要把笔记本电脑带在身边的他，习惯通过 MSN、QQ 了解井场情况、安排工作，每天晚上临睡前他还要收发、处理三四十封邮件……这样的工作方式和状态，让人难以相信他是一名在一线工作了 28 年的地地道道的钻井工人。

在他的带领下，中国石油长城钻探工程公司泰国项目 GW80 队 2004—2009 年 5 年间接连创造了国际同类钻井队年进尺、年完井数量、钻机搬家速度三项“世界第一”，常年保持井深质量合格率、固井质量合格率、设备完好率、满日费率“四个100%”。2004—2011年7年间，其安全生产可记录事件为“0”，创造了海外钻井市场的奇迹，被甲方评价为“管理水平和作业能力比西方公司有过之而无不及”。

“在国际钻井市场上，我们是‘后来者’，缺少经验，障碍重重，但我们不缺乏‘追赶者’的信心和克服困难的勇气！”韩民久在异国的土地上证明了自己，更证明了石油工人追赶国际一流的昂扬志气。这是他，中国石油海外油气合作“十大杰出员工”、中国石油天然气集团公司特等劳动模范、“铁人奖章”的获得者的心声。

马琴（中）把井区员工看成自己的兄弟姐妹

形象15 马琴 守家 人心

马琴，长庆油田分公司第二采油厂樊家川作业区的党总支副书记。她所倡导的“五心工作法”风靡长庆油田。五心就是诚心、爱心、精心、用心和恒心。

采油一线常在荒郊野外，一个站就是一个家。马琴常说：“条件再艰苦，那也是家，要守好。”守家先要守住人心。2006年5月，从采油二厂木一综合站提拔为木二转的女站长，马琴深深地体会到诚心凝聚团队的力量。初来乍到，面对陈旧的站容站貌和素质参差不齐的员工，马琴首先想到的是如何激发员工自主参与班站管理的主动性。工余饭后，她一趟趟跑员工宿舍，与大伙儿拉家常、谈工作，把消除员工的牢骚和抱怨作为改进工作的目标和方向。她用诚心换来了木二转员工的信任，也换来了木二转由落后站向公司级班站管理示范点的转变。

在马琴眼里，井区员工都是一个大家庭里的兄弟姐妹。常年待在大山，娱乐是不可缺的调味剂。为此，她建立了员工兴趣册，并根据员工不同爱好，定期举办卡拉OK、象棋、手工艺制作比赛以及趣味运动会，让大家在大山深处也能感到家的温暖和生活的乐趣。做所有决定，马琴都始终把员工进步作为第一目标；开展任何工作，她都把员工冷暖作为第一责任。员工情绪、员工需求、员工满意是她自始至终的追求。

2012年1月，因工作需要，马琴调至 “窑洞井区”——里167井区。里167井区是新开发区块，受条件限制，全员暂时借住在老乡的6口窑洞里。

早晨，马琴组织员工围着山坡晨练，傍晚，带着大家在山上挖野菜改善伙食；空闲时开展美化窑洞比赛，平时则带头下厨做饭，把6口窑洞的日子过得红红火火。

有了情感的纽带就有了坚实的群众基础。当马琴打算推动“支部工作ABC管理法”以消除井站管理中的不利因素时，她得到了员工们的积极回应。管理流程、分类管理、层级考核等具体构想得到落实和丰富，将党建工作融入了原油生产全过程，把管理这门功课做得有声有色。

如今，马琴走上了作业区党总支副书记岗位。职位的变化带来的是更重的责任，在探索党群工作目标一体化、创建党群工作综合示范点的进程中，她坚持员工“自主创建”主体不变，坚持支部书记“倾听引导”思路不变，坚持党总支“注重氛围营造”方向不变，发散思维，发动员工创建“微信公众平台”“手机报”“吐槽墙”等载体，为樊家川千吨作业区大发展提供了良好的服务保障作用。

中国石油乙烯装置技能专家左成玉（中）

形象 16

左成玉 乙烯装置 守护者

每天早上，左成玉都要提前一小时到岗对乙烯装置进行巡检，20 多年来，这一习惯从未改变。

1984 年，还是大庆石化化工一厂裂解车间压缩工段操作工的左成玉给自己定了个目标：做最好的工人，做国内首批引进的石化装置的主人。

为此，他把乙烯装置流程图贴在宿舍床头，夜晚躺在床上看，白天到装置现场查看。凡遇到生产波动，他都耐心细致地记下原因、现象和处理方法，还要写分析笔记，一点点地积累操作经验。慢工出细活儿，几年下来，他积累的学习笔记、事故分析笔记、工艺设备改进笔记就有 40

多本，真正把乙烯生产操作的点点滴滴都搞得透透彻彻，成为名副其实的乙烯装置压缩机组的领军人物。

1995 年，左成玉在全国乙烯行业操作工人大比武中获得第三名的好成绩。由他总结出的“压缩机流量最佳控制法”和“增大机组循环量操作法”，经技术部门反复考证，成为机组避免停车、跳车的最佳方案。他还被邀请参加广州、茂名等多套新建乙烯装置的“三查四定”和终交验收工作。

1986 年，大庆石化年产乙烯 30 万吨，2012 年，年产能已达到 120 万吨。20 多年间，左成玉亲历了乙烯产能的一次次提高。期间，他带领团队反复实验，解决了新区裂解气压缩机组真空度偏高、制约乙烯压缩机转数等问题，使得乙烯装置跨越“三年一修”的难关，创下日产超千吨的历史纪录。为此，他被誉为“乙烯装置保护神”。

自 2003 年以来，左成玉投入了大量精力培养接班人。他知道，企业发展需要自己这样的技能型员工，而他乐意倾囊相授。他对徒弟的要求是“哪怕针鼻儿那么大的小事也一定要做好，这样才能做大事”。他的徒弟刘铁彬在集团公司乙烯行业技能大赛中获得第六名的好成绩，并在 2010 年荣获“黑龙江省五一劳动奖章”，还当上了车间值班长，被聘为高级技师。至今，左成玉已带出徒弟 20 多人，他们中的大多数都成长为岗位操作的行家里手，有的还走上管理和领导岗位。他们师徒锐意攻关，解决了生产难题 100 多项，提出合理化建议 160 多项，避免机组非计划停车 30 多次，为企业挽回经济损失近千万元。

面对民营企业抛来的橄榄枝和 40 万元年薪外加多项福利的优厚待遇，左成玉没有动心。他说：‘我是在中国石油这个大舞台上，在石化装置这块阵地上成长起来的，每一步成长都得到组织的关爱和帮助，我在这里受到的尊重是用多少钱都买不到的！”

“国家重点工程建设青年贡献奖（个人）”获得者韩建强

形象 17

韩建强 中缅原油管道 岛主

2013 年 12 月，马德岛原油首站工程建设严重滞后，制约了中缅原油管道全线按时完工。38 岁的韩建强临危受命，担任起中国石油东南亚管道有限公司马德岛管理处处长，并在短短 6 个月时间内，理顺施工建设中存在的种种问题，促成 2014 年 5 月 29 日马德岛原油首站工程按时实现机械完工，为中缅油气管道建成投产奠定了坚实基础。

1. 马德岛港口

“他们又来要水了！”

从皎漂返回的采购船刚刚在马德港口靠岸，当地居民就拿着容器前来讨水。

被海水环绕的马德岛位于缅甸西海岸，占地面积仅 12 平方公里，岛上 4000 余名居民大多以农业、渔业为生，岛上补给得依靠十多海里外的皎漂。因与世隔绝，马德岛的唯一淡水水源便是雨水。

“他们喝的水太脏了，随便挖个坑储存雨水，还没有任何消毒措施，这么热的天儿，不知要滋生多少细菌。”

“是啊，给他们吧。只要他们要，只要我们有，就给他们吧。”

2. 2013 年 12 月，中国石油东南亚管道公司

“马德岛原油首站工程建设严重滞后，必须派个能人上去挽回局面。”

“管道处处长韩建强不错，才 38 岁，既参加过西气东输，又参与过中亚管道建设。虽然今年才到东南亚管道公司，但他一来就组建起管道沿线的维抢修队伍，还牵头完成了中缅管道风险评价体系，编制出第一版《中缅管道完整性管理方案》《中缅天然气管道工程阴极保护投产方案》和《天然气管道投产保驾方案》，这些为中缅天然气管道‘5.30’竣工和‘7.28’投产双重目标奠定了基础。”

“是啊，他是‘国家重点工程建设青年贡献奖（个人）’获得者，还是集团公司‘十大标兵’，值得信赖！”

3. 马德岛原油首站工程施工现场

韩建强："今天我们召开承包商及分包商建设推进会。鉴于首站工程的严重滞后，我们决定对工作量进行重新切分。"

承包商："我们想干，但大型设备短缺。"

韩建强："没关系，这个问题我们解决。"

承包商喜笑颜开："剩下的事你放心，就看我们的吧！"

韩建强 2013 年 12 月接到任命后，立即上岛开展工作。他多管齐下，一方面调整领导班子成员分工，将工程细分为土建、工艺、水电、通信自控和合同付款五个项目组，各组深入一线组织协调，把握每一寸工程进度；另一方面，组织召开各级会议，理顺从现场到技术到组织协调再到合同付款等各方面的关系，全方位推动施工进度。

4. 项目部会议室

"经过 150 个昼夜的鏖战，今天，2014 年 5 月 29 日，马德岛原油首站工程实现机械完工！"

韩建强与管理处 111 名管理人员及 700 余名建设者在经过 5 个多月的奋战后，脸上终于绽放出灿烂的笑容。

"这 5 个多月来，我们完成了设计施工总量的 90%，比之前两年干的还多 2 倍！"

4 万平方米的首站已具雏形：5000 多米的混凝土道路、6000 多米的排水沟勾勒出 30 万吨级原油码头的轮廓；所铺设的 5 万多米的各类管线、19.5 万米的电缆光缆构成这一现代化码头的细节，31 台套的大型输油、控制设备更展示出其应有的技术含金量。

字　幕：

原油首站试运的时间越来越近，韩建强更忙了。他请来国内知名的港口专家指导工作，派人协调缅甸海事局、港务局、海关和移民局，理顺了缅甸境内船舶报关清关、交验联检、入籍办证等所有手续流程和事项，一心一意为30万吨级码头开港做准备。与此同时，他还要对已经投运的中缅天然气管道海底段的安全运行负责，并牵头组织原油首站投产的各项工作。他的案头摆满了各种正在编制和修订的制度、预案和操作规程。就像他才到马德岛一样，他知道，退缩是不可能完成任务的，必须拼一场！

年轻、充满活力的杭州文二西路加油站经理曹慧

形象 18

曹慧 私人订制 万吨站

曹慧，中国石油浙江销售分公司杭州文二西路加油站的经理，2010年大学毕业的他在短短的一两年时间里，把一座日销量不足5吨的加油站带成了万吨站。

1. 文二西路加油站

“我们站位于市郊，居民区少，还处于马路末端，由于景区禁行柴油车，车流量不足啊。”

2012 年初，曹慧从机关调到文二西路加油站任经理。为了提高销量，他自掏腰包印传单，挨家挨户送名片，拉起横幅搞促销……传统的“吆喝”招数用了个遍，但效果却不如人意。

电视新闻：2012 年 3 月，政府将启动“智慧杭州”工程，在重点公共区域实现免费 Wi–Fi 全覆盖。

正苦恼的曹慧茅塞顿开：干脆，我们开通油站微博、微信，在网上开便利店吧。

不久，加油站微博、微信上线，并定期发布促销活动、分享节油小妙招，关注杭州车友会、汽车联盟等“微群”，几分钟引来上万网友“围观”。

短短几个月，微博粉丝达 2.2 万个。

曹慧：“我们得坚持向电台发送路况语音微信，这样可以让电台播报早晚高峰路况提示时，提到我们站的名字。”

“文二西路加油站”的大名被电波带到了四方。

2. 加油站网上便利店开张

“请您关注我们在淘宝上的网店，大家可以网上下单、来站支付，一定为您提供满意的服务。”

2012 年 5 月，加油站网上便利店在淘宝免费开通，润滑油、土特产、矿泉水……一个个“宝贝”被搬到网上销售，加油站的微博微信用户很快成为网店的主力顾客，4 万余名加油站微友为文二西路加油站的销量作出了贡献。2013 年 4 月，站上员工收入增加了 50%。

学习型团队——杭州分公司文二西路加油站

3. 阿里巴巴淘宝总部正式开业

2013 年 9 月，地处文一西路的阿里巴巴“淘宝总部”正式开业。

曹慧：“淘宝总部是块大蛋糕，它一开张就带来万名员工、6000 多辆私家车，我们得拿下！”

“曹经理，问题是淘宝距离我们有四公里，而且他们园区对面就有一座加油站，我们哪有优势？”

在打电话发传单、9 次登门 9 次被拒后，曹慧清醒地认识到，阿里巴巴是 IT 公司，行政管理淡化，跟他们打交道不能光盯领导，得用互联网思维。

4. 文二西路加油站

阿里巴巴员工：“我看了你们发在我们论坛的帖子《致阿里同学的一封‘油’件》，特地赶来加油。”

帖子发出的第四天，阿里巴巴电话邀请进驻办卡。现场排起 4 条 30 多米长的队伍，办卡 2400 多张，月增汽油销量 200 吨。

在拿下阿里巴巴后，曹慧又迅速在周边重点企业员工论坛、百度贴吧、QQ 群里发出量身订做的优惠帖，相继开发了奥迪 4S 店、西溪湿地影视基地、西溪宾馆等大型客户。

加油站没有固定客户、销量时高时低后劲乏力的问题终获解决。目前，文二西路加油站固定客户已超 30 个。

5. 加油站附近

李女士："你好！请问是爱车守护师陈双红吗？我的车胎漏气了，就在你们加油站附近，能不能帮我一下？"

陈双红："好！马上到。"

陈双红骑车赶到现场，帮李女士换好了车胎。李女士由衷庆幸："幸好刚刚收到你们加油站推送的私人定制服务信息，我之前找了保险公司和 4S 店都没有回应，你们工作太贴心细致了！"

曹慧受电影启发，为文二西路加油站开辟了私人定制服务，他把管理人员分为爱车守护师、超市导购师和卡增值服务师，把他们的电话公布在油站海报和微博上，用贴心的服务把更多的"头回客"变成"回头客"。

字　幕：

在曹慧带领下，寂寂无名的文二西路加油站在 2013 年被评为中国石油天然气集团公司优秀绿色基层库站。它用互联网思维提高知名度、拓宽服务半径、升级服务质量，刷新了所有人对加油站的认识。这不是一个加油站的先进事迹，而是有心人对加油站经营模式的新探索。

扎根边疆的女博士吴利平

形象 19

吴利平 上海 西部边陲 女博士

2000 年 9 月，上海姑娘吴利平毕业于南开大学化学系，2005 年获得南开大学高分子化学与物理专业博士。2007 年 8 月从复旦大学博士后流动站出站后，放弃在大城市工作的机会，和爱人一起来到了中国石油工业的发源地之一——新疆独山子。

当时正逢独山子千万吨炼油百万吨乙烯工程处于施工高峰。这一工程总投资 300 亿元，是当时国内最大的炼化一体化项目，是西部大开发的标志性工程之一。工程全部采用世界一流专利商技术，装置大型，技术先进，大部分设备从国外引进，掌握消化专利技术难度巨大。

世界级规模石化工程建设，为吴利平提供了广阔的发展空间。她参与了百万吨乙烯工程建设，先后在三聚、丁苯橡胶项目部学习。

炎炎烈日下，吴利平在钢铁丛林中穿梭，皮肤晒得黝黑，汗水浸透工装，她从不叫苦喊累。

她负责编制了447和生产准备技术资料，参与修订了工艺指标、技术资料、操作卡。

她深入现场学习工艺流程，和大家一起探讨工艺控制。白天，她主动向外国专家和老师傅请教；晚上，她抱着厚厚的外文资料，潜心钻研工艺技术。在她随身携带的笔记本上，密密麻麻标记着各种数据以及学习总结。

这个外表柔弱的女子，在庞大的装置、复杂的工艺、密布的管线面前，表现出了惊人的聪慧、严谨和勤奋。

短短几个月，她就将17个产品牌号的操作卡、质量指标和控制参数熟记于心，为装置一次开工正常作出了突出贡献。

2011年春季，橡胶装置要生产国内新产品2564S。吴利平查阅了大量资料，反复研究，拿出了一个最接近产品性能的配方。

她在操作台和生产线两头跑，第一时间从现场拿到样品料，然后根据产品颜色做数据微调，接着再跑到生产线等待样品。同事们劝她休息会儿，她坚持不下火线。

经过上百次的调整，产品从液态变为半流体，再到最后标准的金黄色固体方块。此时，她已经在现场坚守了整整72个小时！

环保胶2564S的试制成功，为开发其他牌号产品奠定了坚实基础。2011年冬季，吴利平带领团队自主研发T167黏合剂。她发现装置采用的是偶联反应生产工艺，而国内其他厂家用的是三段聚合。

工艺不同怎么办？她彻夜难眠，决定啃掉这块“硬骨头”。她认真计算产品微观结构，预设工艺控制参数，不断调整思路，改进工艺参数，很快攻克难题，最终生产出了合格品。她计算配方的准确性，受到外国专家的高度称赞。

2012 年，市场反映 T6302 沥青改性料膨化度不够、分子量偏低。吴利平主动请战，开展技术攻关。从改变催化剂偶联剂配方入手，提高分子量和偶联效率，调整水磨板开孔率。

经过反复调试，产品质量达到客户要求，而且节约 800 万元。她带领团队先后完成科技攻关 12 项，成功生产了 19 个新产品。其中 2 个环保胶牌号填补了国内空白，下游厂家顺利生产出符合欧盟标准的绿色轮胎。低顺式丁二烯橡胶的成功生产，标志着国外产品长期垄断的格局被打破。

她还积极参与装置运行攻关，认真学习掌握专利技术，对初级振动筛、添加剂进出口溜槽等易堵部位进行改造，并取得了较好成效。装置故障停车由每季度 31 次降为 3 次，当年创造效益 400 多万元。

她先后解决了 100 多个影响平稳生产的问题，成功将技术经验转化成百余条操作标准。曾经难以驾驭的装置，逐渐变得驯熟温顺。

一分汗水，一分收获。吴利平从最基层的操作工干起，成长为车间技术员、副主任工程师、技术处副处长，成为企业不可多得的技术骨干。

刘学霞在为客户加油

形象 20

刘学霞 增量 神话

当刘学霞接到下岗通知的那天，几近崩溃的她不会想到，有一天她会成为中国石油天然气集团公司劳动模范。那年，她在当地一家企业任会计，初为人母的她正沉浸在幸福的憧憬之中。企业的突然倒闭，一下使她本来就拮据的生活更加困顿。

身边是嗷嗷待哺的孩子，家里还有瘫痪在床的父亲和生活不能自理的公公，仅靠丈夫微薄的收入支撑家用。为此，她不知道掉过多少眼泪。

那些日子，刘学霞经常出现在劳务市场，靠四处打短工维持生计。

2004 年 3 月，山东泰安销售分公司招聘加油站核算员。她凭借扎实的会计功底，成功应聘为第 14 加油站核算员。

她格外看重这次来之不易的机会，全身心投入到工作中。脏活、累活抢着干，别人干不了的工作，她想法干，当年就被评为优秀核算员。

2005 年 2 月，因道路改造，车辆绕行，泰安 14 站日销量仅 1 吨左右。大家都说它是一座“死站”，没人敢做站经理。进入公司不到一年的刘学霞，给公司领导写了一封提高销量的建议信。

公司领导当面听取刘学霞的意见，讨论增量措施的可行性，并把日销量目标定为 4 吨，刘学霞欣然应允。

早就看出扩销门道的刘学霞，变坐门等客为上门请客，变一人忙乎为全员促销，变站内销售为内加外送，变平均分配为含量工资，极大地提高了员工的积极性，30 多家客户纷纷落户 14 站。

同时加油站延伸服务触角，跟踪建设工程，“一辆三轮车，配上几个桶，一趟两公里，日增三吨油”，加油站平均日销售量保持 4.5 吨，最高达 6.6 吨。刘学霞成为泰安公司“大桶送油第一人”。

2010 年 6 月 21 日，刘学霞将油品送到农户家，保障三夏麦收

2005 年 10 月，刘学霞调任新开业站泰安 59 站。

当时，有一名砂场客户，几十台挖掘机需要送油上门。砂场路面全是散砂，三轮车拉着盛满柴油的大桶，推起来异常费劲。

工地没有加油设备，每次加油，装载机把桶高高举起，刘学霞用嘴把油吸出来，加入油箱。“三米多长的油管，用力吸才能吸出来，刚开始用不好劲，经常把柴油吸进嘴里，恶心半天”，刘学霞笑着说。

加油站到砂场单程 7.4 公里，往返一趟 2 个多小时，这一送就是 8 个月，直到公司配备小型油罐车。经过 1 年打拼，59 站日销量超过 10 吨，高出全市平均水平 6 吨。

随后，公司又先后把 4 座低效站交给刘学霞治理。

2007 年 7 月，任 6 站经理，日销量由 5.5 吨提高到 8.3 吨，增幅 51%。

2007 年 10 月，任 11 站经理，日销量由 4.5 吨提升至 9.5 吨，增幅 111%。

2008 年 2 月，任 45 站经理，日销量由 5 吨提升到 9.2 吨，增幅 84%。

2009 年 6 月，任 49 站经理，日销量由 4.9 吨提升至 12 吨，增幅 145%。

2009 年 6 月，任泰东片区经理，片区整体销量增加 29%。

近几年，成品油市场持续低迷，管理增效成为企业必经之路。刘学霞将创业初期的激情融入到日常管理中，潜心研究业务，努力找寻加油站提量增效途径：

第一个推行 “员工星级管理”和“绩效工资”，极大调动了员工积极性；

第一个提出加油站区域联营，提高了加油站协同作战能力；

创立了“三图一表一分析”客户开发工作法，在山东销售全面推广。

2014 年，泰东片区逆势上行，单站日销量突破 10 吨，同比增加 7%，高于泰安市场 60% 以上。

“走一站火一站，到一处红一片”，刘学霞创造了小站提量、弱站变强的奇迹。她所管理过的多座加油站被评为“集团公司先进班组”、山东省先进基层党组织。

她本人也先后被评为集团公司劳动模范、十大杰出青年、山东省十大青年岗位能手。领导和同事赞她为“创造增量神话的女强人”。

刘学霞在成就自我的同时，还带出了一支优秀的加油站管理团队，培养出了 25 名站经理，30 多名值班长。

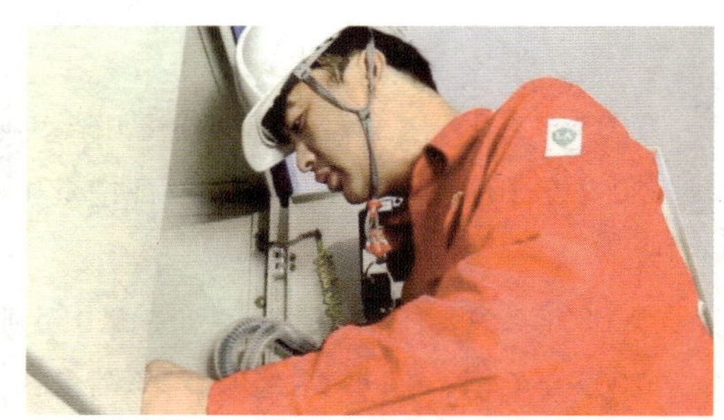

形象 21

林树林 输油 老黄牛

43 岁的林树林是长庆输油气分公司石空站的一名技术员，大家亲切地称他为石空站的“便利贴”。在站上，他的工作职责是技术与安全生产。身为电工的他，当初并没有想到今天的自己会“身兼多职”。但因为他干起活儿来就像一头不知疲倦的老黄牛，在罐区、泵区、加热炉区、阀室都能看到他的身影。

稀释釜是冬季输油生产的主要设备。为了防止轴和轴套干磨，运行人员要不停地往电机里加润滑油。这项看似不起眼的工作，着实给运行人员的日常工作增添了麻烦。林树林看在眼里，急在心上。

他每天在稀释釜附近转悠，看运行情况，和维修班师傅们一起想办法对搅拌器进行改造。大家每天顶着烈日从早干到晚。林树林穿着厚重的防水裤，在稀释釜里给旋转轴的底部加滚动轴承以减少摩擦阻力，每次出来整个人就像水洗过一样。经过十几个昼夜的奋战，改造后的稀释釜终于试运行成功。

奋斗在输油一线，林树林所做的工作并不像他的职务那样固定。哪里有需要，哪里就有他的身影。无论刮风下雨还是炎炎烈日，总有他匆忙的足迹。一年下来，光磨坏的工鞋就有好几双。

加班加点对于林树林来说是家常便饭，然而大家却感觉不到他有任何怨言，他干起工作来常常忘了饭点。

2014 年冬天的一天，风大吹断了电缆。林树林带头排查故障点，从下午两点钟开始，足足连续工作了 12 个小时，期间没有休息，也没有吃一口东西。直到凌晨两点钟排除故障，恢复全线供电以后，他才歇一口气，稍微吃一点东西垫垫肚子。

像这样的事情经常发生。林树林的妻子说："他每次在家里就胖十斤，一上班就瘦十斤。"

在林树林眼里，输油线上的工作容不得任何马虎。每一次巡检时，他都要不厌其烦地重复好几遍。石空站管辖的 95 公里管线周边环境比较复杂，第三方施工多，林树林生怕管线受到破坏，每周都坚持白天参与巡线三次，夜间参与巡线三次，随时掌握管线附近的施工动向。他还组织巡线工动手制作警示牌，通过插警示牌、拉警戒带、插旗，使每处第三方施工有风险的管段都有明显标志，确保所辖管段没有因第三方施工造成破坏，且无违章占压。

林树林还是个热心肠，工作之余，同事的宿舍灯坏了、下水道堵塞了，只要找到林树林，他二话不说，拿上工具就去帮忙。也正因为如此，同事们凡是需要帮助时，第一个想到的就是林树林。因为他，这个团队有了更加强大的凝聚力。

为石油勘探队作向导的阿吉老人（左一）

形象 22

阿吉　柴达木 神手 神脚

许多人都说柴达木神秘，那是因为柴达木中西部有7万平方公里戈壁、沙漠，只偶有僧人、商人及游牧民路过。这里长久地流传着一个神手、神脚的传说。现在的青海石油人，不论男女老少，只要一提起依沙·阿吉老人，都怀着一种十分崇敬的心情。和他相关的寻找茫崖水源和石油地质构造并且命名的故事，是石油人美丽的记忆。

1. 1892 年，新疆且末

塔里木盆地东南缘，阿尔金山北麓。东与若羌县交界，西与民丰相邻，南与西藏接壤，北部伸入塔克拉玛干大沙漠。一个拥有“神手”“神脚”的乌孜别克族男孩在这里出生了。

1892 年时还没有多少人知道的穆迈努斯·依沙·阿吉这个名字，多年后，伴随着驼铃声永远地回荡在柴达木的天地间。

2. 阿吉年少时，麦加

年少时的阿吉跟随父亲去伊斯兰教的第一圣地麦加朝圣。麦加在沙特阿拉伯西部赛拉特山区一条狭窄的山谷里，四周群山环抱，地势低，气温高，饮水困难。他的亲人们一个接一个倒在了路上，孤苦伶仃的阿吉只得回家，从此走上了经商的道路。

几十年的时间里，他带着骆驼队走南闯北，驼铃响彻天山脚下、青藏高原、河西走廊和柴达木盆地的山水间。叮叮当当的驼铃，沉重的脚步，从春到夏，从秋到冬，一个又一个部落。柴达木哪儿有山，哪儿有水，哪儿有草，哪儿有路，哪儿有稀奇古怪的石头，他都默默地记在心里。

当时的柴达木，荒凉、沉寂，茫茫的沙海渺无人迹，只有一些小片绿洲里散布着一些蒙古族和哈萨克族牧民。绿洲周围是黄沙乱石的世界，没有一条真正的路，几乎与世隔绝。用脚步来丈量世界的阿吉把整个柴达木装进了心里……有人开始称他是柴达木的“活地图”。

3. 1954 年 5 月，柴达木

新中国第一支石油勘探队伍走进柴达木，地质大队安营扎寨以后，专

门组织了一个找水分队。头一天，几十个人在戈壁沙漠上挖了一个又一个坑，没有见到一滴水。第二天，他们好不容易在一座沙山脚下挖出了水，捧起来一尝，苦得人喘不过气来。一位青年拉着骆驼到外边去驮水，在归途上遇到风暴，骆驼惊跑了。为了追骆驼，青年人迷失了方向，最后筋疲力尽，倒在沙上牺牲了。

道路和淡水的问题成了他们的首要困难。当时地图对柴达木盆地的标识只有几个圆点，按这些圆点的标示，既看不出哪里是路，也不知道哪里有淡水。没有水，不要说工作，就连生存都很困难。

4. 1954 年，阿吉 62 岁，新疆瓜果之乡若羌县

石油地质大队的难题传到了驻守在阿拉尔牧场的人民解放军某骑兵团。他们向大队推荐了这位叫阿吉的老人。穿过荆棘挡路的红柳沟，翻越直插云端的阿尔金山，地质队的工会主席和部队的指导员来到新疆瓜果之乡若羌县。

身高一米七，下巴上留着花白的山羊胡的阿吉老人，精瘦、洒脱。

地质队的工会主席："听说您曾多次给部队当过向导，还帮助他们剿匪。我们遇到了大困难，很需要得到您的帮助。"

阿吉："暂时再见吧，若羌，我要去给石油指路了。"

阿吉又一次告别家乡，跟着地质队进了柴达木。

他来到地质队，把队员们带到油砂山西南一个山凹地，用手一指，说："水就在那里。"

大家走过去一挖，果真冒出水来。

地质队员："您的手真是神手啊！"

5. 阿吉 70 岁，柴达木

一天，阿吉陪一个小队去踏勘。大半天，带的水喝完了，小伙子们渴得难受，又不愿收工回驻地，大家一个个都望着阿吉。阿吉就在戈壁滩上低下头、弯下腰，仔细寻找。忽地，他站住了，脸上露出笑意，然后用手一指。

阿吉："挖吧。"

地质队小伙："这么干裂的砂地，怎么会有水？"

他们半信半疑地挖了起来。才挖了一米，清水就渗了出来，大家惊喜不已。

这次踏勘的目的既要找水源，又要进行石油地质路线概查。阿吉记得经商时曾路过一片乱山，地上闪着黑色的油光。他俯下身去闻到一种异样的油香，他知道这是好东西，就在有黑油的地方做了记号，又带了几块黑石头回去。在帐篷里，他把黑石头凑近油灯再看时，石头竟然吱吱地燃烧起来，他就用几块黑石头当柴火点燃煮饭。

阿吉带着地质队员们向那片宝地走去。为了节省水，他们日夜兼程。为了减轻骆驼体力消耗，从第四天开始步行。第七天，一直走到深夜，阿吉才让停下来，让骆驼围成院墙一样的圈，人们在里面休息。天刚蒙蒙亮，阿吉就叫醒地质队员们，指着"墙"外。

阿吉："出去看看吧。"

地质队员："呀！"

眼前黑油闪闪，地质队员像孩子一样欢呼起来。后来，这里被叫作油泉子、沥青嘴、开特米里克。开特米里克是新中国第一支地质勘探大队在柴达木发现的储油构造之一。而在油泉子开钻的柴达木盆地第一口探井，就钻出了工业油流，奠定了建立青海油田的基础。

阿吉老人成了盆地里最受欢迎的人，那时他已经 70 岁高龄了，依然奔波在海拔四五公里的冰峰雪岭之中！

6. 昆仑山南山脚

绵绵沙滩一望无际，汽车开不过去。

大家都眼巴巴望着阿吉。他神色自若地向前走，用脚板“敲”沙子。阿吉“敲”着走着，一会儿直走，一会儿绕弯，沙地“啪啪”地响。

忽然他转过身来，朝大家开心地笑着说：“这儿行啦！”

汽车顺利地开了过去。

两天多的踏勘，全是阿吉用脚“敲”出的路。辽阔的戈壁荒漠看似无路，而路就在阿吉的脚下。

这年夏天，阿吉还带着地质队人员探明了柴达木茫崖地区至东部马海的路。这年秋天，阿吉还带着苏联的水文地质专家，在储油构造七个泉的地方找到了无数个泉眼，为后来的探井队伍解决了水源问题。

字　幕：

1961 年 10 月 7 日，阿吉老人病逝。遵照他生前的愿望，石油人将他埋葬在柴达木西部的花土沟。阿吉老人曾跟随地质大队南征北战，在勘探途中为地质队员们探路，寻找骆驼和人喝的淡水。地质队的驼队和帐篷里，经常可以见到他矫健的身影，听到他那爽朗的笑声，他成为柴达木盆地勘探大军中不可缺少的一员。建立农场，他带领调查队察看荒地，走遍了 2000 多平方公里的尕斯草原，查明了 16 万亩的可耕种土地；修筑“茫（崖）—马（海）”公路，他带领筑路测量队，穿过上百公里的雅丹土林；勘察铁路走向，他在盆地穿戈壁，跨盐泽；考察青藏高原动植物生长规律，他走在科考队伍的最前面，带着大家在昆仑山里钻冰川踏雪原……

他的传奇，现在的徒步者望尘莫及。

形象23

南八仙 健人沟 流芳亭

在祖国960万平方公里的辽阔大地上，有这样一些地方，原本寂寂无名，因为一些石油人，它们有了美丽的名字。但这些美好名称的背后，留下的是石油人的辛酸、艰苦，甚至是生命。南八仙、健人沟、流芳亭，每一个名字后面都有石油人生命的付出。

1. 南八仙

南八仙，青藏高原柴达木盆地北缘的一个地名。

它是由一列列断断续续延伸的长条形土墩与凹地沟槽间隔分布的地貌组合，被地质工作者称为雅丹地貌。

20 世纪 50 年代初，为寻找祖国建设急需的石油、煤、铁等矿产资源，国家成立了柴达木勘探大队。

有一支由 8 位年轻的女地质勘探队员组成的女子勘探小队，对柴达木西北边缘阿尔金山下荒漠深处的无名地区进行地质勘探。

这是一片青藏高原在隆起过程中挤压形成的特殊地区，无道路，无植被，无水源，是杳无人迹、气候异常的不毛之地。

勘探姑娘们每天天不亮就骑上骆驼，带上勘探器材和两三天的食品、饮用水，离开驻地进行勘探，天黑时再返回驻地，每天工作十几个小时。

一天，她们在野外勘探时，遭遇了 10 级以上的强沙尘暴。

十几个小时后，强沙尘暴平息，她们唯一的交通工具骆驼已在大风中走失，只剩下每人随身携带的仅供一天的食品和水。

她们带上所有的测量工具和勘探资料向驻地方向撤退，可大风刮走了她们回程的路标，她们在魔鬼城中迷路了。

半年后，其他勘探队在勘探中发现了她们中 3 人已经半风干的遗体。遗体下压着地质包、测量图……

人们为了纪念这 8 位女地质队员，将此地命名为“南八仙”。

2. 健人沟

健人沟，位于新疆阿克苏地区依奇克里克深山中，这个名字是为了纪

戴健

念两位石油勘探者。

戴健，1955 年毕业于西北大学地质系石油与天然气勘探专业，最初被分配到新疆石油管理局地调处工作。但她主动请缨，要求调到野外地质队工作，成为石油地质勘探队女队长。

1958 年，戴健带着李越人和张怡荣两名队友，在依奇克里克深山里进行野外地质勘探作业。

接近中午时分，突然下起了雨，一股浊黄的水流顺着山沟流泻，不一会儿就没过了他们的膝盖。

山沟两侧都是陡峭的崖壁，他们没办法，只能先找到一块高出水面的大石头，费力地爬上去。

雨不停，水暴涨。当他们决定向另一个高地转移时，先下水的李越人被湍急的洪流吞没。戴健急忙去救李越人，结果也被洪水冲走了。

几天后，戴健和李越人的遗体被找到时，已经血肉模糊。可戴健手里却紧紧攥着勘探资料包。牺牲时，戴健年仅 23 岁，李越人年仅 19 岁。

当年 9 月，塔里木矿务局党委授予戴健等人“革命烈士”称号，并命名戴健、李越人牺牲的山沟为“健人沟”。

3. 流芳亭

流芳亭，位于中国石油长庆油田公司采油二厂的一个井场边，是为纪念一位保护国家财产而牺牲的采油工而修建的。

罗玉娥，1970 年出生于陕西泾阳县一个普通农民家庭。

1991 年 7 月，罗玉娥在长庆油田参加工作，成为一名采油工。

在她工作的几年中，先后追回被偷盗的原油 60 余吨、各种物资 200 多件。

1997 年 12 月 23 日，罗玉娥在巡查井站的设备时，发现 3 名不法分子盗窃站内的输油管线，在追赶盗贼的过程中，又发现另外 3 名不法分子在偷油。

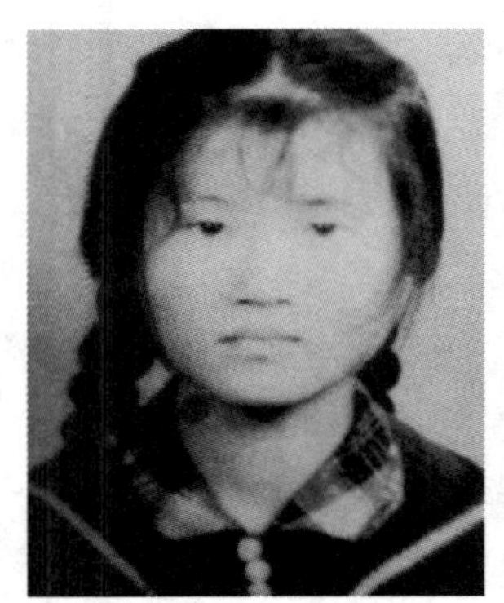

罗玉娥

罗玉娥奋不顾身，一面大喊“捉贼”，一面和歹徒搏斗。歹徒人多势众，对她拳打脚踢，直到把她活活打死。

那年，她才 27 岁。

后来，长庆石油勘探局采油二厂员工自发捐款，在罗玉娥牺牲的井场修建了罗玉娥纪念亭——流芳亭。

形象 24

女子焊工班 中亚 石油花

2008 年 6 月 26 日，中国石油阿姆河天然气公司按“总包 + 实报实销”合同方式，将土库曼斯坦阿姆河项目第一天然气处理厂 EPCC 项目受标于川庆钻探工程公司。从这一天起，许多人与土库曼斯坦结下不解之缘，他们的脚步将跨越国界，甚至跨越生命征途中的所有预想。

2008 年 12 月，曹红、易兰、张顺碧、徐芹、雷春、严欢、来红等 9 人跟随征战海外的石油大军，来到了阿姆河畔。

她们叫“女子焊工班”，来自川庆钻探油建公司容器制造厂，她们中年龄最大的 41 岁，最小的 23 岁。

她们没有想过自己有一天会被人称为“石油焊花”，成为中国石油工人的一种象征性存在。

1. 2008 年 11 月，四川内江，容器制造厂

通知："曹红同志，厂里决定让你参建土库曼斯坦阿姆河右岸的 A 区处理厂，请做好出发准备。"

一纸通知让 41 岁的曹红兴奋而激动："太好了！能出国干这么大的工程！"

23 岁的雷春得知厂里正在调集人员奔赴土库曼斯坦，主动请缨："我申请去最艰苦的地方磨砺自己。"来红是雷春的师傅，一直把雷春当女儿来关心、照顾和培养，知道徒弟的决心，当师傅的二话不说也跟着到了阿姆河右岸。"雷春家境贫寒，但孩子懂事，就想凭本事多挣点钱补贴家用。出门在外，我就是她的家人，她就是我的孩子。"

2. 2008 年 12 月，土库曼斯坦阿姆河右岸 A 区处理厂

队长许云川："A 区处理厂是西气东输项目的境外源头工程，是国家重点建设项目，工期非常紧张。你们的任务是处理厂内的 9 个 3000 立方米的消防水罐，工作量大，必须按期优质高效地完成！"

曹红："能参加如此重大的工程是我们的荣耀，我们保证干好！"

3. A 区处理厂密闭储罐内

每天早上 6 点，女子焊工班的成员们就开始下料组焊。在几近密闭的储罐中，她们时常要工作到晚上 9 点钟。

张顺碧技术熟练，擅长横焊，可以左右开弓，再难的位置、再大的难度都难不住她。别的女焊工每天也就是 8 千克左右的焊接量，她每天能完

成 15 千克的焊接量，一天下来，其他人都累了，她还谈笑风生。几个小师妹对她佩服得很，说她一个顶俩。

而男工友们也毫不掩饰对女子焊工班全体成员的敬意：“她们中，有的是去年从乌鲁木齐工地直接赶来的，为了能确保‘9.15’机械完工目标，她们这么长时间连家都没回过。而且，每个人每天还要焊掉 8 千克以上焊条，焊缝长度超过 120 米，有的还要切割几吨的钢材，说实话，在这样的环境下干这么高强度的工作，我们都吃不消，她们却一直坚持着，而且还干得那么好！”

4. 2009 年 7 月，A 区处理厂罐装区

随着项目进入冲刺阶段，女子焊工班又投入到了球罐、工艺安装等工作中，她们的作息时间调整为早上 4:30 到晚上 8:30。

盛夏的卡拉库姆大沙漠，地面温度常在 60 摄氏度以上，时时风沙满天。

“这天气！穿上工装，戴上面罩，还没干活儿呢，衣服就湿透了。”

但全副武装的她们毫不退缩，像男子汉一样战斗。面对容器、储罐等金属结构焊接，一站、一蹲往往就是三四个小时，有时，一同施焊的男性都受不了，要到旁边休息一会儿，她们硬是憋着股劲儿坚持下来。

“这个女子焊工班可不敢小觑，从技术实力到顽强作风，我们都不得不打心眼佩服。”

5. A 区处理厂工地

一群土库曼斯坦员工正在跟着女子焊工班学焊接技术，他们用半生不熟的中文称赞：“我们的女师傅，人漂亮，技术活更漂亮！”

37 岁的徐芹是女子焊工班的大师姐，曾先后参加过罗家寨净化厂、石河净化厂、牙哈装车站、南充炼油厂等工程项目施工建设，经验丰富，技术精湛。她和焊工班的姐妹们主动担负起培训土库曼斯坦员工的任务，在 A 区处理厂建设期间，先后带出洋徒弟近 60 人，其中电焊工 30 多人，气焊工 20 多人。

洋徒弟：“现在，我们已能独立担岗，师傅带着我们完成了 200 吨的预制件焊接任务和 200 多吨的切割工作量。”

字 幕:

2009 年 12 月 14 日，中国、土库曼斯坦、哈萨克斯坦、乌兹别克斯坦四国元首在阿姆河右岸巴格德雷第一天然气处理厂，共同开启通气阀门，300 亿立方米的中亚天然气从此源源不断地朝华夏大地奔涌。巴格德雷天然气第一处理厂就是女子焊工班的工作地——A 区天然气处理厂。在短短一年时间里，9 个女子用辛勤和汗水填满了工作记录本。记录本上如此描述她们的工作量及完成情况：在新疆预制厂，女子焊工班加工组焊近 200 台设备，共计 3000 多吨钢材；在施工作业现场，完成了 25 座储罐 1000 余吨钢材的制安工作，同时还参与了全厂最重设备段塞流捕集器、4 座氨液吸收塔、4 座氨液再生塔的现场焊接任务，焊口一次合格率达 98%。她们的身影穿梭在全厂 25 个储罐间，她们的笑容绽放在了卡拉库姆大沙漠，她们是最美石油焊花！

陈振夏（右一）和队友们

形象 25

陈振夏 延长石油厂 埋头苦干

毛泽东主席一生中为石油战线功臣题词的只有一个人，而且是两次题词表彰，这个人就是陈振夏。

陈振夏，1904 年出生，崇明县港东乡人，共产党员，青年时代当过工人、船员、轮机长，“五卅”运动期间，被推为上海中华电气制作所罢工委员会委员长。

1938 年春，受组织委派，奔赴革命圣地延安，到延长石油厂调查了解情况，着手恢复生产。

延长石油厂是中国陆上开发最早的天然油矿，从清末经民国乱世到南京政府，长期处于惨淡经营的困境。

陕北红军解放延长接收油矿时，只有一口井出油，每天采油仅 250 ~ 300 千克。

陈振夏到延长石油厂后，经调查发现，多数油井处于荒芜状态，机器设备散落在方圆百里的农村、山林，有的已被山民、村民占为己有。

对于已进了老乡家里的东西，要他们拿出来还真有些困难。

陈振夏苦口婆心，循循善诱，讲明办油厂也是为了老百姓，譬如造了油墨印书供孩子们学习，炼了煤油供大家伙点灯，共产党和老百姓本就是一家人，哪有自己人不帮自己人的?

村民觉得句句在理，纷纷将机器设备送回了油矿。

有了设备，陈振夏开始着手研究生产。

采油不是陈振夏的专业，他就不断向工人请教，到现场看、听、问、记，了解采油炼油技术，凭着一股韧劲、钻劲，逐渐由外行变为内行。

红军接管油矿后，几年里一直在“吃老本”，利用原有的油井采油，产量日渐萎缩。

陈振夏决定打新井，经与技术人员、老工人考察合计，新井的位置选择在西山洞。

正常来说，井架的用料是钢材，但是边区钢材奇缺，哪里来？穷则思变，陈振夏土法上马，以木代钢。

1940 年 3 月，延长十九井开工。

由于设备落后，速度很慢，一昼夜只能打 1 米左右。

陈振夏带领工人日夜奋战在现场，他一天天消瘦下去。

经历了两个季度的日日夜夜，十九井出油了！

每天汩汩流出的原油高达 1.6 吨，油矿从清末至今，从未打出这么高产量的井，十九井是名副其实的“旺井”，工人们美称它为兴家立业的“起家井”。

后来陈振夏被任命为延长石油厂厂长，以前的厂长都是兼任，不管具体采油业务，陈振夏却是名副其实的专职厂长，他被称作“中共石油战线上的第一位厂长”。

皖南事变后，由于敌人的军事包围和经济封锁，边区的生产生活资料严重短缺。

陈振夏接到中央军委下达的硬指标：延长石油厂的产量应比上年增长 3 倍以上。

同时，组织指派毕业于清华大学地学系的工程师汪鹏，来协助陈振夏。

陈振夏将汪鹏当作师傅，带着他走访老工人，召开座谈会，又攀山越岭，淌溪涉水，实地调查考察，跑遍了延长县周围三四十里的山山水水，终于找到了七里村这块“处女地”，测定了井位。

1941 年秋至 1943 年初，陈振夏带领工人先后打了 5 口井，其中 2 口是超历史的特大旺井，七 −1 井日产量 16 吨，七 −3 井每天出油 11.6 吨。

当年实际产油比上年增长远不止 3 倍，而是 11 倍!

厂里原有的储油罐根本不够用，陈振夏发动工人，挖了星罗棋布的地池，还是装不下。炼油部工人日夜加班，由过去三天炼一锅改为一天炼一锅，却连地池里存放的原油也炼不完。

陈振夏还设计制造了制蜡机、编芯机、打捞工具等设备扩大生产。

延长石油厂规模不断扩大，汽油、煤油、柴油、蜡烛、擦枪油、油墨、黄油、凡士林等石油产品源源运往前线和后方。

1944 年 5 月，延安召开陕甘宁边区工厂厂长暨职工代表大会，边区政府给陈振夏颁发了“特等工业模范工作者”奖状。

会议期间，毛泽东亲笔为陈振夏题词：“埋头苦干　为陈振夏同志书”，表彰他为石油供应所作的贡献。

当年 12 月，陕甘宁边区劳动英雄与模范工作者大会上，毛泽东再次把题有“生产战线上的英雄”的奖状颁赠给了陈振夏，这是陈振夏第二次荣获毛泽东的题词表彰。

1948 年，陈振夏依依惜别了埋头苦干了近十年的延长石油厂，奔赴新的战斗岗位。

但无论在什么岗位，陈振夏都一如既往地埋头苦干……

1972 年，陈振夏离休。

1981 年 8 月 21 日，陈振夏因病逝世，终年 77 岁。

第二部分 | 油·故事

是他们

用脚步丈量石油的疆域

用汗水勾勒它曲折的身世

把对石油的追求

演变为一程又一程的接力

在这条只有起点没有终点的路上

一些故事正在发生

它的背景是辽远的天地

以及天地间瞬息万变的每时每刻

它的主角永远是不起眼的

只是默默地耕耘

好像只在乎追求一个更好的自己

对主角来说

这是生命的旅程

对故事来说

这是繁复的细节

当行囊被笔墨与丹青塞满

请你翻阅

这一路的风雨

在路上

浩荡无边的塔克拉玛干有一条一点五公里的大路

流动的沙丘遮盖不了它

它属于红色的人流

在路上

有的人年华正茂，被理想激励

有的人闯荡半生，被生活催促

一步一步

万里漂泊

一步一步

聚散离合

风沙来了又走

烈日来了又走

严寒来了又走

他们

一直没走

亘古的寂静从清晨的脚步中醒来

无边的思念从黄昏的脚步中醒来

在路上

已成信念

在路上

已是情怀

审图号：GS（2008）1428 号

第一章

挑战：征服九死一生的环境

一路西行，从东经 130 度到东经 40 度。在寒冷的尺度早已超越语言能抵达的世界，披星而来、戴月而归；在随时听得见枪声却听不懂一字一句的国度，强压恐惧、拼命思考。追求又算得了什么？先活下来再说。

检修人员在冰天雪地抢修设备

哈尔滨：零下 30 摄氏度的抢修

2014 年 12 月 18 日，“冰城”哈尔滨迎来入冬以来首次大幅度降温：白天最高气温零下 24 摄氏度，夜晚气温低至零下 30 摄氏度以下。一时间，江河湖海，凝冻成冰。

一道生产指令，发到中国石油哈尔滨石化公司Ⅱ催化装置车间：为增加低温位热量回收，必须将 E–203/AB 循环水切换至低温位取热。

此时已临近下班，但指令就是命令，车间员工赶紧行动。问题在换热器切换过程中出现了，由于低温位出口阀阀板脱落，闸阀无法打开。此时再去联系检修人员已经太晚，但当天必须完成切换任务。车间负责人当即决定：自行更换闸阀，车间员工瞬间集体“变身”成抢修队员。

需要更换的阀门离平台有 2.5 米高，抢修队员们需要站在固定龙门架上进行更换。呼啸的北风，犹如刀子割在脸上，大家只能侧着脸，不停地变换着角度，紧张地忙碌。在整齐划一的“一二三”口号中，所有人劲儿往一处使，多次尝试后终于将需要更换的阀门法兰螺栓松开。还没来得及松口气，更大的困难摆在了员工面前：双侧法兰的16条螺栓中有两条螺栓锈死，无法拆除。

抢修再次受阻。

“只有锯断螺栓。”现场指挥发布命令。换作平常，锯螺栓并不是什么难事，可在零下30摄氏度的气温里，这对于每一个抢修队员是一种极大考验。由于上游阀门内漏，泄漏的低温位水不断从需要更换阀门的法兰处流出，抢修没办法更换，只能带水作业。水刚流出来，立马冻成冰，把抢修队员的劳保手套冻得像“模型”一样，手指根本无法弯曲。泄漏的水更是顺着抢修队员的衣裤流下来，很快把裤子和鞋也冻在一块。

“啷啷啷……”队员之间用扳手相互敲击已经冻成“模型”的手套，可惜，没一块能敲碎。“这手套硬得像钢铁，螺栓穿不上去，垫片也安装不上。咋办？！”现场一片沉默，大家都在思考着解决的办法。“有了，咱借用低温位水将冻住的手套重新融化，利用融化与重新冻住的间隙进行抢装！”

于是，抢修队员们的双手在井然有序地“借”水融化，推动穿螺栓、上垫片工作一点一点进行下去……由于管线下沉，在穿螺栓的过程中，队员们还需不断调整倒链，才能保证法兰对正。几乎每一个队员们的手都冻得快没有知觉了，但他们还在坚持着，直到把新阀门安装到位。

8条螺栓1个垫片的安装，时间和过程是那么的漫长与艰难。经过近一个半小时的努力，终于完成闸阀的更换。

“成功了！”一波三折的抢修下来，抢修队员全然忘了时间，忘了冻红的脸、冻僵的手，忘了饿得咕咕叫的肚子，他们只知道任务完成了，心里就是暖乎乎的。

渤海湾："破冰"之战

2014 年 12 月 7 日，大雪。

气象局还没来得及播报，河北省唐山市渤海湾畔就被一场暴风雪突袭，水面温度骤降至零下 10 摄氏度，海水冰冷刺骨，朔气逼人。

老爷庙油田就在这片渤海湾畔，东方物探新兴物探开发处 239 队承担了老爷庙目标三维地震采集项目。项目工区满覆盖面积 131.1 平方公里，受火成岩能量屏蔽、多次波干扰和断裂发育等因素影响，工区中深层地震资料信噪比较低，资料难以获得；其地表条件又极为复杂，工区内城镇、工厂、水网遍布，各种池塘、卤水池、湿地等地表占到工区总覆盖面积的 80%。

在水域勘探作业，本就不是一件容易的事，何况还是深冬季节。茫茫水面在零下十几摄氏度气温的穿刺下，冻结成了一大片一大片的冰块，大家称之为"冰排"。开工以来，工区时常受到这样的大风和严寒侵袭。

这支物探小队在这样毫无"天时、地利"的环境里日复一日地工作，他们用更强大的"人和"，从容应对上天的挑战。

今天，239 队多了一份挑战：破冰。

大雪无疑给施工增加了风险和难度。工区路面因积雪打滑，水面上的冰排被大风吹得零零散散，测量标示随冰漂移到各方，其中大部分已经被损坏，许多已经架设好的采集设备已经冻结，沉入水中。239 队所有成员把工装裹得严严实实，再穿上救生衣，准备入水。一名放线班长在他的救生衣上写下一句“再苦再累也要坚强”，第一个走进齐腰深的冰水中，艰难前行。

年轻力壮的小伙子们组成青年突击队，他们先行踏勘，摸清水域环境；破冰人员紧随其后，憋足全力踏碎坚冰，为后续作业打开通道。一条隐约可行的通道渐渐露了出来，三个专业小组抓紧时间干了起来：测量组对测量点位设置双份标识，防止丢点和重测；钻井组时刻准备，井深药量精确计算，确保一次成功；放线组提前上线，研制水域架线三脚架。

不破楼兰终不还，老爷庙目标三维地震项目在 239 队顶风冒雪、破冰涉水中顺利推进。待到来年春暖花开的时候，这个项目就能完工，对于了解渤海湾地区构造、油气分布情况具有十分重要的影响。“总有些工作要在冰天雪地中进行”，239 队煎熬的这个寒冬，让我们看到了春天的希望。

柴达木东：冰雪世界的温暖

一入冬，全国对天然气的需求量直线上升。2014 年 12 月 22 日，中国石油宣布全面进入冬季保供。

远在塔里木盆地腹地的青海油田涩北气田的一线员工也接到任务。立冬过后的涩北，霜降、大风接踵而至，气温骤降，成了零下 20 摄氏度的冰天雪地。

天越冷越要稳定生产，因为天冷意味着各城市对天然气的需求量增大。涩北气田这群平凡的石油人，开始了没日没夜的坚守。

羡慕气井能“取暖”

12 月 11 日，一层薄雾笼罩着涩北气田一号集气站，零下 20 摄氏度的气温，让常年工作在这里的员工都感到异常寒冷。

站长李生德和班员闫斌按照生产计划，前往涩 3–42 井检查隐患。雾天行车十分危险，李生德和闫斌两人打起十二万分的警惕。平安到达井场后，李生德招呼着闫斌：“别忘带上气体检测仪，我们先检查放空阀。”转身，他搓了搓冰冷的双手，带好棉手套，拎着工具走下车。两人围着涩 3–42 井采气树仔细排查隐患，不放过每一个角落，一趟下来，两人已冻得连说话都在打颤。

李生德是青海油田成立以来一直坚守在气田前线的老员工，对放空阀刺漏的危害非常清楚，不敢有丝毫的大意。用李生德的话来说：“冬季生产，怎么小心都不过分。”

“站长，单井电动阀无法正常工作！你快来看看。”闫斌大声喊道。在采气站，单井电动阀出现故障是一件大事，要不及时解决，开井时就会有憋压危险，引起爆炸。“先关井！”李生德脱口而出，带着工具前往电动阀处。经过一阵忙碌，李生德凭借丰富的经验成功解决，给闫斌一个“ok”手势，涩 3–42 井再次开井，气井温度缓缓上升。

在冬季生产过程中，加热炉会为每一口气井加热，保证气井温度在 5 ~ 25 摄氏度之间。闫斌带着羡慕的口气说：“啥时候咱们也能享受这待遇就好了。”俩人看着正在“取暖”的气井，打了个冷颤，再次裹紧了身上的衣服，又去巡查流程了。

不让须眉战严寒

12 月 12 日上午 9 点，方静同往常一样，一到场站便一溜烟似的钻进监控室。她每天上班的第一件事是逐口查看气井的压力、温度、流量，并仔细核对数据，看看气井有没有因温度降低出现冰堵，影响产量。

幸好，每一口气井都在正常供气。方静会心一笑，披上一件厚重的外套，戴上安全帽，瞬间整个身体变得粗壮许多。她拿上对讲机转身向室外的场站走去，继续巡查各种设备。寒风中的涩北，很空、很旷，天地间仅有这一个小红点缓慢移动着。

“涩 10–3–3 井好像不太出气了，快去井场看看。”刚巡查完的方静接到同事的呼唤。方静立刻向该井快步走去，迎面的冷风吹来，她忍不住打了个哆嗦，继续前往井场查看情况。来到涩 10–3–3 井，方静挨个检查气井的电伴热保温情况，她一边忙，一边给新员工讲解检查时该注意的问题，嘴巴已经冻得僵硬，但她的表达仍然清晰：“天气越来越冷了，我们得提前做好气井冻堵的预防工作，尽量减少类似气井冻堵情况的发生。”

“方姐你真是女汉子。”解决完涩 10–3–3 井的冻堵，在场员工由衷称赞道。方静笑了，她说：“在咱涩北可都是些女汉子们，在各自的岗位上干起活来，谁都不让须眉。”

跳动在寒夜的火苗

11 月 30 日 23 点，涩北台南气田也进入了深夜状态。温度越来越低，风渐刮渐大，突然，14 号、15 号集气站发出警报，部分加热炉因天寒刮风而被熄灭。

加热炉长时间熄火会导致气井冰堵，进而危及整个气田的安全生产。面对紧急突发情况，站长姚明昉和值班人员离开温暖的被窝，穿好刚脱下的厚厚工服，迅速赶往集气站进行处理。

凭借经验，姚明肪不急于马上点火，而是用蒸汽吹扫加热炉入口的天然气管道，几分钟过去了，效果并不明显，于是他与前来帮忙的巡夜人员一起打开了加热炉管线，灌注甲醇进行解堵，效果仍然不明显。

“不能再拖下去了！”姚明肪情急生智，决定采用老办法，热水解堵。几个人提来一壶又一壶的开水，接连不断地浇在天然气管线上，管道内终于传出了气流声，“成功了，可以点火了！”大家兴奋地喊着。此时，姚明肪他们已经在零下20多摄氏度的黑夜里，连续抢护了三个多小时。

“监控班，14号站、15号站加热炉全部恢复正常运行，请注意观察。”姚明肪嘱咐道。

看着加热炉内燃起的蓝色火苗，大家忘记了冬夜的寒冷。

天寒地冻下的维护

12月的涩北戈壁，凛冽冷风肆虐、寒气“咄咄逼人”。天越冷，涩北气田维护管理中心的维护工就越忙碌，为守护气田的正常运行，他们不分昼夜地工作着。

一天，维护管理中心接到9号站部分区域加装电伴热通知，电工迅速准备工具驱车赶往现场。刚下车，呼啸的寒风就让人觉得身上的棉工衣薄如纸片。

一到现场，电气设备维护班立即开始断电、验电、剥线、接线。新分来的员工手冻得拿不稳钳子和起子，接连好几次都掉在了地上，夹带沙子的冷风吹得眼睛十分难受，不停地流眼泪。

“班长，每年冬天都这么冷吗？”

“是的。”班长似乎并没有被天气影响，坦然自若地操作着。

“那天天在高原荒漠的戈壁滩作业，别说胸闷气喘，单是这寒风，怎么撑得下来？”

“习惯就好了！你要想着高原上的蓝天白云，是城里看不到的美景。”

拆下阀门后，新员工放下工具，准备稍作休息，却看到班长一刻不停地开始敲击着坚冰。班长告诉他：“阀门拆下来一会儿了，得赶紧把这些结冰除掉，早点装上阀门，输气的事儿刻不容缓。”加力杆敲击着管线内的坚冰，抖落一片片飞飞扬扬的雪花，偶尔误撞在管壁上，发出的声音在冬日的场站上，格外清脆。

单这一项工作，电气设备维护班在天寒地冻的室外忙了两个多小时。这一整天，他们冒着严寒，手拿仪器、扳手、起子等维修工具，穿梭在集气站内的各个区域，维修、维护站内外各种仪表、设备，他们用双手排忧解难，只为千里之外的人们能坐在暖洋洋的室内品茶、读报，欣赏窗外白雪皑皑的美景。

寒夜“抢险”

涩北冬夜的寒，但只有亲身尝试了才知道滋味。

12月10日凌晨4时18分，涩北台南气田的巡夜人员发现13号站内的水平井阀组区域发生天然气泄漏现象，立即联系调度中心，一场抢险即将开始。

4时30分，台南气田和作业区值班领导、工程技术、安全、岗位操作等人员组成的应急救援小组迅速抵达现场。“这个位置太关键了，如不及时处理，将会影响全气田的正常供气！”经过检查，应急救援组长、气田值班副经理张栋严肃地说。

4时45分，气田副总工程师许正祥会同现场人员迅速确定了紧急关站的处理方案。

4时50分，作业区值班领导马延明即刻组织班长、技术员、操作员实施关站作业。15个人要负责56口井的关井、放空、疏散、设置警戒线……两个多小时后顺利关站。

7时15分，技术员核对其他各站产量，组织其余各站增加开井数量，力保外输天然气不受影响。

上午 10 时，随着急需管材、作业设备等堵漏抢险必备物资的到位，开挖施工作业面、更换放空阀、拆卸对接法兰、打磨焊口、打火开焊、焊口检测、氮气置换等一系列抢险工作全面展开。冰冷的泥砂从管线刺出，喷洒在抢险员工的衣服上、脸上，却没有一个人后退。

晚上 21 时 30 分，经过 18 个小时的连续作战，13 号集气站成功抢险运行，恢复了 300 万立方米的日供气量。

“入冬以来，为保供，我们需要每天增加 100 多万立方米的采气量，压力很大，但现在总算可以睡个安稳觉了。”看着正常运行的集气站，站长彭皓如释重负。

这样的抢险，在涩北气田的冬天时有发生。抢险中，气温零下近 30 摄氏度，但大多数抢险队员却只在毛衣外穿了件单工服。他们说，穿厚工衣显得太笨重，干不了活儿。为保障下游用户能在寒冬里用上涩北的天然气，生活和工作在这里的每一位员工，驻扎在寒气彻骨的高原戈壁上，守候着一颗颗冰冷的采气树，只为给千家万户送去温暖。

柴达木西：工作在“月球”

通向青海油田东坪探区的，是一条三四十公里的“搓板路”。这土路是深入这片戈壁作业的重型工程车反复碾压出来的。行驶在这样的路上，即便是好车，感觉也只有一个字：颠。而带路车卷起的沙土仿佛大火燃起的浓烟，一大团一大团，绵绵不绝。

东坪探区位于柴达木盆地西部阿尔金山前，这里原本也似月球一样寂寞了千万年，但从 2011 年开始有了变化。那一年，东坪 1 井钻探中获得天然气突破，揭示了这一地区良好的油气勘探前景，由此打破了柴达木盆地

天然气勘探30年来的沉闷局面。

人迹罕至的“月球”将有人类赋予的标记，一群石油人来到这个“月球”表面，开始拓荒。

2015年春节快到了，东坪探区试采作业区还在忙碌，将天然气源源不断汇入涩宁兰输气管线。“现在的东坪探区试采作业区已经有点地球的样子。”集输班班长王冬回想2012年3月10日第一次来到这里时的景象：“一口气井，一片荒凉”。那天，和他一起来的还有一名作业区经理、一名发电工和一名厨师，还有五栋板房，两台旧发电机。

最初的记忆总是那么清晰。“第一天吃的是从冷湖带来的馒头榨菜和方便面，第二天开始布线，晚上7点通电，做了第一顿饭，吃的是土豆丝、回锅肉和大米饭。”

2012年3月15日开始试采天然气。可发电机不给力，水箱漏了，发电工席军胜每一小时就要往里补一次水。从3月15日到4月10日，他们仨为了干这活儿天天和衣而睡，直到换了发电机，情况才有所改善。

三年时间，王冬对这里每条流程、每个阀组都很清楚，眼下光是经他手把手带过的徒弟也有十多个了。徒弟们大多都离开了东坪，但王冬一直坚守在这里，并没有其他什么想法，他说：“每天要做的事儿很多，忙了一天，晚上躺下就睡了，也来不及多想什么。”

作业区所有吃的喝的都要从126公里外的冷湖运过来，包括锅炉用的热水。有一次从200公里外的花土沟运来的开水原本是80摄氏度，可到现场只有20摄氏度了，根本没法儿温炉。曾转战于南八仙联合站的王冬已经习惯了，他虽年龄不大，但已经是个“老班长”。他说在东坪探区试采作业区，“挑大梁”的基本上都是年轻人，80%的员工都是80后、90后。

2013年来到作业区的程梦女，是师傅和同事们眼中的“学霸”。一年时间，她不仅能准确掌握岗位描述，对采气工技术要求也是熟记于心。程梦女说，这里的环境适合当“学霸”。

没有条件上网、看电视、读报纸，没有地方逛街、娱乐，面对的除了戈壁还是戈壁，“与世隔绝”的环境令人压抑，程梦女却把这儿当成了静心读书的好地方。“要是怨天尤人那日子就过不好了。有时间就看看书，这样没有外界干扰的环境倒是创造了安心读书的机会。”

在安徽上大学的高婧，一样向往着大城市的繁华，但她最终选择了来到石油一线。“我们这儿还有几个90后小姑娘呢，她们更不容易，当集输

工还要巡夜，荒郊野外的，多害怕啊！”程梦女说，那些女孩刚上夜班的时候也挺犯怵，可到点了不去巡检又不行，只能哼个歌给自己壮胆。

姚葭就是这样一个 90 后的小姑娘，作为一名“油三代”，她深知一线的艰辛，做好了十足的心理准备，可巡夜这事仍让她头疼不已。刚来站上时，赶上夜班，尤其是冬天和刮大风的时候，姚葭每次给家里打电话都会哭。可一直害怕也不是个办法，她总不能不去巡夜，后来在同事的帮助下，她找到了一个好方法，每次巡检就哼个歌给自己壮胆。渐渐地，这个爱哭的小姑娘收起了眼泪，练出了魄力。如今的姚葭已成了独当一面的业务骨干，担当起了重任。

2014 年 8 月，作业区又多了一个新成员——帅气的小伙子曹科，毕业于重庆科技学院油气储运工程专业的他被分来实习。曹科说话的时候，川腔韵味明显还没有剥干净。他给自己取了个绰号叫“幺哥”，就是“最小的兄弟”。曹科直言不讳地说，这里的工作生活环境和老家成都根本没得比。刚到这儿的时候，他无比想念天府之国的舒适，难以接受眼前的荒凉与枯燥，总觉得工作生活又委屈又难熬。但在身边小伙伴的自信、不屈和欢笑感染下，他试着融入这里，放平心态，摆正位置，踏下心来与小伙伴们并肩前行。

不过这些和钻井队员比起来，他们还算是容易的。

蒲永玉，一名普通的钻井工，高原戈壁的风沙和严寒在他本应年轻的脸上，画下了粗糙、干裂的“高原红”。

蒲永玉现钻的井是东坪 303 号井，今年青海油田东坪和牛东探区计划开钻 100 口井，为了给大规模开发提供完整的地质资料，作为评价井的东坪 303 号井是今年元旦开钻的。

“干钻井有些年头了，可这么冷的天钻井还是第一次，很多方面缺乏经验。”蒲永玉说，“我们买的温度计最低只能显示到零下 30 摄氏度，没想到这儿最冷的时候有零下三十五六摄氏度。”

冬季作业最大的问题是保温。为了防冻，蒲永玉他们在钻井台上搭了防风棚，并用塑料膜加毛毡包裹设备。钻井工们的棉工衣内虽然加了层羊毛，但寒冬腊月里人还是“冻透了”。环境恶劣，钻井也难以推进。东坪 303 号井在钻至 1837 米时出现井漏，加了大量钻井液仍封不住，进度大大放缓，一天只能钻进 10 多米。蒲永玉以前还没遇到过这种情形，由于不清楚新探区的地质构造，钻井难度增加。而且该井是一口浅气层井，钻井时间越长风险越大，一旦井涌比油井还快。

蒲永玉和他的钻井兄弟们日日夜夜在钻台上作业，为的就是安全、快速完成任务，即使他们体验着一般人难以想象的艰苦。钻台上满地钻井液，蒲永玉的工鞋、工服、棉工帽上也都沾满了钻井液。大风不时掀起防风棚的棉布帘子，刺骨的寒风呼啸而至。他们在这儿一待就得 12 个小时，隔三差五还要轮着上夜班。

对于这份工作的艰苦，蒲永玉没有抱怨。他说：“早都习惯了，干别的还不会。”蒲永玉就一个心愿：安安全全打下这口井，最好能赶在大年三十前回家团圆。

昆仑山：花土沟的明星和英雄

昆仑山下，戈壁深处，青海省西部和新疆接壤处的花土沟，是青海油田的原油主产区。2014 年 12 月 16 日，黎明还未到来之前，青海油田井下作业公司的一支小修队在会议室里简短地开完晨会后，不等天亮，作业组便呼着寒气，奔赴北山上的施工地。

上北山的路曲折逶迤，像极了莲花瓣，工程车穿梭在没有路的原始山峦，开上一个山头时，几乎不能预料前面到底能否通行。但对于习惯南征北战的“高原铁军”——青海油田井下作业队来说，这是一条比较平凡的路。一路颠簸摇曳中，工程车到达井场。员工们依次下车，整理工作所需的物品。基墩边，班上的副司钻、场地工换上了自己的“战袍”。

在高原，清晨第一缕阳光很耀眼，12 月的寒风肆无忌惮地刮过每一个人的脸庞，班长拿着施工设计图，开始了下步工序的安排。在漫无边际的黄沙里，员工们蹲下来认真擦拭工作用具，仔细调试设备，和日夜作战的“铁兄弟”进行每天一次的无言交流。准备工作完毕后，修井机井架在北山山尖上高高耸立，机械轰鸣激起地层回声。他们正在维修一口油井，作业队所有队员的衣服和皮肤上都沾满了从井下喷涌而出的油污。作业队队长说，这还是他们比较干净的时候，如果遇上油井大修或是压裂作业，队员们一天下来几乎全变成一座座黑色雕塑。

在巍巍的昆仑山下，在茫茫的戈壁深处，这群远离家人、在此施工的汉子们成了名副其实的兄弟。队长说：“高原上氧气稀少，但是作业队间的情谊却从不缺少。”或者烈日曝晒，或者冰封雪飘，飞砂走石的花土沟让作业队不得不风餐露宿，这时候，老班长就会和大家讲起一些笑话，同样的笑话能听好几次，但每次听的时候，大家依然乐不可支。运气好的话，井位离生活区域不远，施工歇息时，一眼就能望见温暖的生产基地，大家的干劲又足了。

他们之中，有人写了这样四句话：

英雄岭上，每一次踏破黎明。

扎哈泉旁，每一次戴月而归。

跃进深处，每一片盐雪交加。

南北山尖，每一滴油花盛开。

梦想与现实不远，千万吨油田的脚步距他们越来越近。这群青海油田井下作业、工程技术服务工人不是明星、不是英雄，不是先进人物，他们的名字无人知晓，但他们的劳动成果惠及你我。

霍尔果斯：雪中巡线果子沟

2014 年 12 月 15 日一早，田江伟看了看天气预报，距离霍尔果斯 100 多公里的果子沟又下暴雪了。

25 岁的田江伟是西气东输二线、西气东输三线果子沟段管道巡护负责人。这几天，受冷空气影响，果子沟内暴雪不断。田江伟放心不下，不断打电话督促合作巡护方加强沟内关键位置巡护，然后和同事一起进沟巡线。

果子沟，又名塔勒奇沟，是古丝绸之路北道的战略要地，如今成为西气东输二线、西气东输三线的必经之路。天然气从境外“跨进”国门再到果子沟，长 70 多公里，其中最为艰险、运行管理难度最大的要数果子沟段。

作为西气东输二线控制性工程，长度超过 30 公里的果子沟段是管道巡护的重点和难点。管道沿山沟敷设，所经大部分地段沟弯谷深，巡护管理环境恶劣。果子沟段管道细分成 22 段，田江伟和同事们通过徒步踏勘、乘车巡查、重点地段守护等多种方式，才能完成巡查线路的任务。

大雪中，巡线车艰难地行驶在深山峡谷中。路基两旁的沟壑积满了雪，管道阴极保护桩也被大雪深埋。路上的积雪又厚又滑，稍有不慎，车就会陷入雪中，无法前行。当行驶至三号阀室时，路面积雪快有车轮那么高了。“车开不过去了，雪太深了。”司机刘师傅无奈地告诉大家，毕竟他在这条路上看到的交通事故，他自己都数不清了。“雪再大，也要按时巡线。”田江伟带领同事，下车徒步巡检。刚下车，风雪扑面而来，眼睛都睁不开，只能眯着眼慢慢向前走。

雪越下越大，路越走越难，他们沿着快被积雪覆盖的管道标志桩向沟底艰难行进。每到一个标志桩，田江伟和合作巡线工都会先用手清理标志桩附近的积雪，然后拿出巡线“标配”工具开始检测。“数据正常，管道深埋符合要求。”田江伟说。

一转眼的工夫，天晴了，红色工装在湛蓝天空的映衬下显得格外鲜艳。徒步行走已经两个小时了，可他们只走了近 1 公里。“还有半公里，今天的巡线任务就结束。”田江伟一边说着一边向三号隧道走去。

红色身影在白茫茫的天地间犹如红色的火焰在跳动。他们是普通的巡线员，每天行走在这条管线上，风雪无阻，用脚步丈量管道的长度，用心守护祖国万里国脉的平安畅通。

塔吉克斯坦：越千山万水 暖千家万户

塔吉克斯坦时间9月13日，首都杜尚别市鲁大基区。国家主席习近平与塔吉克斯坦总统拉赫蒙将红绸从工程奠基石上缓缓揭下，中亚天然气管道D线塔国段正式开工。这是继中亚天然气管道A、B、C线之后，又一条引进中亚天然气的大动脉，它将成为横贯中国和中亚五国的油气管廊带的点睛之笔。

D线建设难度世界罕见，地形地貌复杂多样，跨越帕米尔高原，穿越大中型河流47处，山岭隧道和河流隧道45处。其中，长度400多公里的塔吉克斯坦段约有60%线段将穿越高烈度地震山区，是地形最复杂、线路最长、工程量最大的一段线路。开工在即，12名中国石油专家组成踏勘小组提前进行踏勘，走上了塔吉克斯坦的实地踏勘之路。

他们要走的路，也许将超过800公里。实地踏勘的目的是在恶劣的环境和复杂的地形下，对现场重点难点段做出详细勘察，对初步施工方案进行核准和拓展，提出更详细的合理化建议，指导专项方案的编制。

其中一站是去往杜尚别附近57号桩的道路。整个路段是山地，从出发前就已经下雨，但丝毫不影响富有经验的踏勘队员们，“这种天气都习以为常了”，12个人拎着锹和镐，从容出发。一路上，他们护着电子地图和对讲机，一步一滑地从一个山头爬向另一个山头。在渐渐变大的雨势中爬到了桩点，他们按照分工，继续定位、测坡度、查地质，在一片水帘中完成了桩点的工作任务。

下一个桩点还在更高的山上。随着海拔的直线上升，一些队员出现了高山反应，加上天气变化无常，队伍中有人出现感冒。“让我摸下额头，哟，有点烫，赶紧把退烧药拿出来。”为了照顾队友，行进的队伍有了半小时的停留。野外踏勘吃饭没有保障，这时大伙儿才发觉饥肠辘辘，趁着生病队友休息的工夫，其他人放下背包，拿出干粮，和着瓶装水吃了起来。队员们说，如果运气好能找到有热水的地方，就可以吃碗热腾腾的泡面，或者热一罐八宝粥。

夜色降临，队员们还在赶路。雨停了，但风更加凛冽。走到地势不明朗的岔路，12个人围成一个圈，打着手电筒，分析接下来的路线。“这点风不算啥，赶上大风的天气才难熬，风吹得睁不开眼睛不说，卷起的沙子打在脸上真是疼。”

翻千山越万水，中亚天然气管道D线的路线在踏勘小队的笔下勾勒得愈发详细、清晰，成为D线管道设计和施工的重要依据。他们将一串串踏实的脚印遍布这片异域土地上，不管路有多难走，他们都坚持不懈，因为路的另一头将通往我国中东部的千家万户。

伊拉克：艰难清关

中国石油在伊拉克的哈法亚二期 CPF2 项目已开工两个月，目前装置生产用电还是租借的 20 余台柴油发电机供电。由于近期伊拉克战事紧张，北部拜伊吉炼厂不断遭受攻击，政府优先保障军队柴油供应，哈法亚油田生产用柴油随时处于断供状态。近期，电站双燃料电机终于到货，项目部立即委派采办部刘智和吕晓光两位项目经理前往 260 公里外的巴士拉乌姆盖斯尔港口清运设备。

取趟设备在国内的确是小事一桩，但这里是伊拉克。

2014 年 10 月 7 日一早，刘智和吕晓光南下赶往巴士拉乌姆盖斯尔港进行 211 箱物资清关工作。出师不利，这一天是古尔邦节三天假期的最后一天，海关放假。刘智和吕晓光在这一天只吃了一顿早饭。港口没有卖饭的，出于工作和安全等因素考虑又不便出港口。别无他法，刘智和吕晓光只好当晚赶往 70 公里外的巴士拉中方营地借宿。

8 日上午，在石油武装警察的护送下，两个人继续赶往港口清关。安保、清关和签证，是伊拉克项目的三大难题。这趟差事，他们赶上了两个。到了港口，又得到一个坏消息，港口内部继续放假两天，很多部门依然没人。

刘智和吕晓光曾在苏丹共事，后来又一同转战乍得，如今又相聚伊拉克。十多年的海外共事经历，磨炼出了他们沉稳的性格以及彼此间的默契。这件事倒也难不倒经验丰富的他们：“把能办的事先办妥。”211 箱设备分 3 批运输，第一批由他们亲自跟车护运，6 车核心设备、20 车附件可首先协

调装车。刘智和吕晓光召集当地雇员及货运代理，采取一切办法，办理出关手续。刘智跟大家强调："我们两手空空，没有一美元的额外费用，就看大家的本事了。"两位清关雇员海森和萨穆认真、卖力，甚至把在家休假的海关人员也找来。到了下午，26 车货物终于装载完毕，但清关手续被港口总监的两个大印卡住。因为要到银行划拨一笔费用，而银行也放假。尝试多次无果后，刘智他们只得再次等待。

10 月 9 日一大早，刘智和吕晓光再次踏上清关征程。

吕晓光继续在货场查验物资及车辆状况。刘智协调银行缴费事宜，缴费工作完成后，却再遇麻烦。这一天，伊拉克海关关长到港口巡视，与港口总监开会，刘智手握出关材料在门外等待。临近中午，会议结束，却被告知，总监与关长已乘车出港，不知去向，今天不会回来。一起排队等待的还有十多位伊拉克人，他们似乎适应了海关的这种节奏，逐渐散去。

刘智站在门口没有离开，一旁的雇员海森拉着他找到海关总监秘书，用阿拉伯语说道："这位是专程从中国赶来的中国石油的刘先生，请您联系总监，希望今天能将这批重要急用货物放行出关！"

看着面色凝重的刘智，秘书试着给总监打了电话。不知是否因为 CNPC 这一名字起了作用，海关总监授权秘书，盖上通关大印。

在当地人看来，3 天完成大批货物清关，还是在古尔邦节期间，可谓奇迹。

完成清关，刘智和吕晓光高兴地将消息通报给后方，开始准备设备运输。这个任务同样艰巨。从乌姆盖斯尔港到哈法亚工地有 260 公里，桥梁多、路况差、安保形势严峻。在本次26车的货物中，有6件50余吨高度近4.5米的核心设备。设备加上车板，货车高度接近5.5米，而此行要经过12座限高5.5米的桥洞。

顺利过是一方面，另一关键环节是安保问题。有着多年海外工作经历的哈法亚采办部经理徐多宝曾在一次勘察桥洞标高时，突遭伊拉克军警鸣枪警告。在伊拉克，任何异常举动都会被怀疑是恐怖行为。在订货初期的一年间，采办部与工程部先后5次勘验运输路况，还专门安排推土机将绕过桥洞的多段路面平整好。徐多宝说，核心设备的生产周期是一年半，如果路上出问题，这个责任谁也承担不起。

15时，货运车队驶出港口。按规定，车队时速要控制在20公里以内。夕阳西坠，车队驶离巴士拉。当天全黑时，一串枪声传来，坐在防弹车后排的吕晓光调侃道："谁家又放鞭炮了？""鞭炮国内才有，这里只有枪炮！"这几天，刘智每天都要给家里打个电话报平安。

运输全程要过12座桥洞。每次过桥洞，车辆几乎是贴着桥洞顶端穿行，随车武装警察会下车警戒，这时的车队最容易成为袭击目标。

临近23时，车队刚刚驶过两河交汇处，突然从前方传来"嘣"的一声。刘智马上与头车联系，原来有辆货车爆胎了。虚惊一场，很多人被惊出一身冷汗。车队停下，马上更换轮胎。其实，在港口封车后，刘智和吕晓光及雇员已对所有车辆进行了细致检查、重新加固，要求货运方更换3个有伤痕的轮胎，还更换了两台底板超高的货运车辆。

经过十多分钟的紧张忙碌，车队重新出发。10月10日凌晨3时，车队缓缓驶过最后一个险桥路段，安全抵达油区。

在国外，你需要坚强的神经

几年前，川庆钻探鲍咸庆在北京郊县参加过一次中国石油举办的海外项目防恐培训。同为受训者的东方物探老 W，曾经对大家说起过他在非洲某国遭遇抢劫的经历。

那是一个普通的日子，老 W 和几位同事在工作间正常工作。突然，几个持枪的蒙面黑人闯了进来，蒙头、捆绑、打砸抢，一切，就在毫无预兆的情况下发生了，直到当天出野外工作的同事连续几个小时挂电话回办公室，因手机座机都无人接听而意识到情况不对并报警，老 W 他们才得到解救。老 W 的讲述是在四月末的北京，风和日丽，窗外飘舞着漫天飞絮。但大家都能体会到在那漫长的几个小时里，这位老兄以及他的难友们经历了怎样的心路历程。

老 W 是在防恐培训结束前座谈体会时告诉大家他的这段遭遇。培训结束后，鲍咸庆再次到了土库曼斯坦。这期间，鲍咸庆所在的川庆钻探公司除在土库曼斯坦有施工项目外，还在阿富汗、缅甸、伊朗和中亚的另一个国家有项目。不时地有些传闻，比如阿富汗项目的员工是在全副武装的安保人员护卫下到工地作业，还比如缅甸的非政府武装烧毁了工程队的施工装备，而在中亚的另一个国度，鲍咸庆的一位同事则遭遇了与东方物探老 W 在非洲遭遇过的同样厄运而且更惨。在那个噩梦般的晚上，同事的脸被入室抢劫者用枪托重击，大半面部粉碎性骨折。相比起来，他所在的土库曼斯坦则是比较安全的，虽然，它毗邻着伊朗、阿富汗。

因此，鲍咸庆经常会回想起那次北京的防恐培训。关于那次培训，他还有过一段文字。其中记道：

凌晨两点，在外完成一项工作，通过幽长的林荫道，走进宿舍漆黑的一楼门厅。感觉怪怪的，怎么那么黑，那么静？突然，觉得有什么不对，转过头，毛骨悚然——大门一侧墙角站着一个人，是蒙面人，在我转头的瞬间，蒙面人怪叫着向我扑来，一个黑洞洞的枪口也是瞬间指住了我的胸口。刚要条件反射地作出反应，双手已被人从身后擒住。同样是蒙面人，同样执枪，同样哇啦哇啦叫着听不懂的语言。

……重新被强按着蹲下，蒙在头套里的眼睛，除了觉得周围有灯光在闪，有火光在跳，什么都看不见，身在何处更不知道。耳边充斥着阿拉伯语，不远处传出压抑得令人窒息的唱经和伊斯兰音乐，打骂呵斥"人质"的声音此起彼伏……每间隔一段时间，在一阵高声喧哗后，总会响起几声震耳的枪声，是有人被拉出去处决了吗？

发生在某天深夜的这段没有任何预告且非常逼真的"恐怖绑架"课程，其设计者明显有三个意图。一是告诉你，在海外高危国家或地区工作和生活，袭击的威胁永远都会像今晚一样存在和可能发生；二是当袭击来临你又无法逃避这种袭击时，必须也是唯一能做的就是服从——尽量延长自己的生命，坚信会有人在为你的求救不懈努力；三是让你在逼真的环境和漫长的过程中，体验一种特殊的心理和生理折磨、煎熬并形成记忆储存，以使你在海外如果不幸真正遭遇恐怖绑架时，有一个可以赖以支撑自己坚持下去的心理和生理承受能力。

鲍咸庆以为，两个多小时的经历，上述效果都达到了。只是在两腿蹲得发麻，实在坚持不住一屁股坐到地上，却又被"恐怖分子"骂骂咧咧踢起来时，心里直骂：以色列教官把对阿拉伯人的仇恨全都发泄到了我们身上！直到后来他看电视剧《我是特种兵》，似乎才真正理解了以色列教官们的良苦用心。

“被俘之后哪有什么尊严可言……身体的疼痛并不可怕，教官要引导你对抗内心的恐惧。你不知道他下一步会干什么，你想不到他们会这么干。这里没有底线，也没有理由。”《我是特种兵》导演刘猛如是说。在这一点上，即精神的摧残和侮辱，平民和士兵大概又是一致的，只是程度不同而已。

中国石油海外项目，几乎全在非洲、中东、南亚、中亚和南美这些充满着不确定历史、地缘、政治因素和民族情结的地区。在风云变幻的世界能源版图中，中国石油人领略着历史与现代的沧海桑田。格物致知，因势利导；利用石油，服务国家和人类。这是中国石油海外团队的使命，也是组成这个团队的成千上万中国石油员工共同的愿景。海外的中国石油弟兄们不是特种兵，但他们与特种兵们一样，除了对祖国能源事业的忠诚外，也必须有坚强的神经。他们中每个人在出国前都必须接受的相关外事教育和“防恐培训”，正是对这根“坚强的神经”不可或缺的锻造。

体验区

第二章

创新：冲破如鼎巨石的阻拦

有瓶颈，有无奈，有跨不过的山和海，有回不去的家和乡。苍茫前路，永是未知。只身可傍的，唯勇气、唯毅力，唯一次次跌倒后不退缩的坚韧之心。是巨石，凭一身虎胆可闯，无前路，重辟新径出发！

从初中文化到国家科技进步奖

姓名：赵林源

单位：中国石油东北炼化工程有限公司抚顺工程建设分公司三公司

岗位：维修车间密封班班长

别名：密封大王

赵林源对自己的工服有着特殊的感情。他的衣服左胸前四个小字“中国石油”，左臂上又是四个小字“东北工程”。出国考察时，赵林源也穿着工作服，他说：“咱出国也让老外看看咱们中国工人的工作服。”

好“斗气”的脾气！可也正是这种鲜明的个性和“斗气”劲头，使得这位初中毕业生摘得了2008年国家科技进步奖二等奖。

赵林源挺可惜的，时代没允许他在学校多读点书。1972年1月，初中毕业的他来到抚顺石化公司石油三厂当了一名钳工。每天，他不是跟着师傅跑现场，就是钻在业务书堆里，遇到不懂的，逮着个人就问个没完。别人三年才能出徒，而他一年就独立顶岗了，并且在抚顺市的首届钳工技术比武中获得了第一名。

在他看来，“当工人可以没文凭，但不能没技术。”

1983年，赵林源被抽到了密封班，成了机械密封钳工。看着工厂引进的那些洋装置，他比别人多了个心眼，除了虚心向老师傅请教并认真琢磨外，还利用业余时间啃起了书本，自学了《机械密封设计和安装》《机械密封原理》等课程，写下十几万字的读书笔记，记下千余个技术数据。

1991年，赵林源作为技术骨干被抽调到抚顺石化公司乙烯厂支援开工。当时一台进口冷冻机密封泄漏，随机带来的几套专用密封件都损坏了，冷冻机的停运已经影响了开工。当领导和专家们急得手足无措时，赵林源冒出来了：“让我试一试。”在众人疑惑的目光中，他拿出图纸，与伙伴们进行了一番认真的计算，最后决定用国产材料自己加工。仔细测量，画出图纸，赵林源动手制作。安装后，冷冻机正常运转起来了。从此，赵林源戴上了密封“土专家”的帽子。

赵林源维修的密封件由动、静环密封圈等8部分构成，在高温、高压中以每分钟3000～7000转飞速运行的同时，跑、冒、漏、滴一点儿也不能发生。炼油化工装置中86%以上为机械密封，而70%安全事故都是由密封件的泄漏引发的，因此，防泄漏是世界密封行业的难题。

一次，从美国UOP公司引进的分子筛装置，有3台关键设备的密封相继泄漏，十几天就更换4套密封，损失十几万元。更要命的是备用的密封件已经用光，要重新购买进口密封得需要几个月。赵林源决心自己设计制造密封件。接下来，他和工友五天五夜没有睡过一个完整觉，在泵房里反复琢磨分析。赵林源发现是进口密封和它的辅助系统工艺设计不合理，造成温差过大，导致密封泄漏。可是改造设备难度很大，赵林源拿着原始图纸与测绘记录数据对照，查阅研究国内外资料，自己设计图纸。他将原密封形式由旋转自由定位改为静止固定定位，同时将密封圈石墨材质更换为铁镍膨胀合金，以减轻介质温度影响。

按赵林源设计加工的密封安装一次成功。经过长时间运行密封效果极佳，把原来几乎一周换一套的密封件变成了6年更换一次，而国外最好的纪录是3年更换一次。5年后，当石油三厂引进第二套分子筛装置时，同样的3台进料泵密封设计结构与赵林源当时改造的密封设计结构竟然一样。

赵林源凭借这项“机械密封技术改造”获得了国家科技进步奖二等奖，这是迄今为止对他的密封技术的最高认可，并为企业至少创造了2000万元以上的经济效益。作为工人技术专家，他不但在企业创立了全新的密封件管理方法，而且在总结实践经验的基础上完成了《机械密封常见故障诊断处理100例》《机械密封技术问答》《机械密封实用方法与技巧》等书的撰写工作。

几年来，赵林源被聘为中国石油工人技能专家，获得全国五一劳动奖章、全国技术能手称号等。并在2008年6月，东北炼化工程公司为他成立了赵林源（钳工）密封工作室，使赵林源的技术创新活动变成一群人的事业，为密封技术的应用和发展提供更广阔的舞台。

从焊花班长到增压站长

姓名：刘玲玲

单位：长庆油田二处乔河作业区

岗位：增压站刘玲玲站站长

别名：战功赫赫刘家将

11个井组、64口油井、13口水井、日产油93吨、家庭成员22名。这就是长庆油田采油二处乔河作业区关一增压站，从2010年起被命名为“刘玲玲站”，成为中国石油首次以班组长名字命名的十个班组之一。

“刘玲玲站”位于甘肃省华池县乔河乡的打扮梁，是一座按照长庆油田超低渗油藏开发新模式建设的示范站，以“井站一体、班站一体、办公食宿一体”的面貌，受到油田内外广泛关注，在投运第一年时间里，先后接待国家部委、地方政府、油田内外的专家学者等近百次视察参观。

提起关一增压站，就不得不说这个站的站长刘玲玲。这个已过而立之年的女站长集无数荣誉于一身，曾获得全国劳动模范、全国三八红旗手，中国石油集团公司“十大标兵”等称号。

在当采油工之前，刘玲玲当过 14 年的焊工，她与女子焊工班的姐妹们一道下江南、出阳关、上内蒙、进陕北，参加了苏里格气田等重点工程的产能建设，参加了西气东输等重大工程的施工，焊接管线两千余公里，完成大小焊口近 5 万个，被评为全国“三八”红旗集体、全国青年文明号。

由于长庆油田产业结构调整，刘玲玲放下握了整整 14 年的焊枪，来到位于陕甘交界大山深处的华庆油田，投入到采油生产一线。油田所在的鄂尔多斯盆地四处荒凉、人烟稀少、交通不便。当地的采油工流传这样一句话：“长庆苦不苦，每天二两土，白天吃不够，晚上接着补。”从山下的作业区到山上的采油小站，运气好能搭上农民的车，否则只好靠两条腿来回奔波数十公里。这样习惯了野外工作的刘玲玲，还是感到有点不适应。

最苦的还是增压站刚建立的时候。寒冬腊月间，新建的房子还没有彻底干透，厨房设施也没有完全配套，吃饭、休息都成了问题。白天，潮湿的房间渗出的水，在严寒中结成一寸多厚的冰垢；晚上，经暖气烘烤，冰垢融化成水珠滴在床上、地上，无法入睡。没有办法，员工只好在被子上加盖一层塑料布，防止被渗水打湿。在新井投产期间，春风沙、夏酷热、秋潮湿、冬阴冷，几节列车式的野外活动房并不能起多大作用，刘玲玲说：“多舀一瓢水洗脸都是一种奢望，洗澡更谈不上。”

但刘玲玲是站长，站是她的家，她要担起家的责任。在家的建立过程中，刘玲玲把人心渐渐团结在一起，随着时间的改变，小站条件得到了极大改善，刘玲玲将精力又转移到每一个家庭成员身上，她要让站上的每一名员工都成为爱油田、肯钻研、懂技术的有用之才。

站上的员工和刘玲玲一样，都是从非采油岗位转岗而来的新人，以前从事着车工、电工、土木建筑工、炊事员等工作，对采油的操作常识了解甚少。欧智慧是站里的老大姐，接受新事物来得慢，让她利用数字化平台辨析油井示功图十分困难。示功图是反映抽油机、深井泵工作状况的图形，通过分析它可掌握油井生产动态。为使欧智慧尽快适应岗位需要，刘玲玲把她从巡井岗调到站控岗，一幅图一幅图地教，一口井一口井地分析。一个月的工夫，欧智慧学会了辨析示功图。

同刘玲玲一样，全站员工为弄懂一个问题，可以对照书本上的说明在现场、在设备旁研究几个小时，不厌其烦地向别的厂、别的作业区和别的站认识的师傅讨教。2009 年 7 月，站上分来两名大学毕业生，全站员工如获至宝，每天上午都要让他们从头到尾讲一遍增压站所有设备的流程和工作原理。就这样，昔日对采油井站管理操作业务一窍不通的一帮“门外汉”，不到两个月时间人人都能单独顶岗。

作为一座新站，刘玲玲站更加注重学习借鉴在油田已成熟推广的先进管理方法，并结合实际不断进行创新完善，探索实践出一套适合本站实际的“全能全岗、全岗轮换”工作法，即每一个员工都轮流当站长、轮流管生产、轮流督安全、轮流搞后勤、轮流搞资料。通过岗位大轮换，促进员工的沟通交流，增进彼此理解信任，提高工作效率，培养出复合型人才。日复一日，刘玲玲站形成了一个有机整体，增压站变成了温馨小家，确保增压站生产运行安全平稳，没有一台设备出现故障误报误修，没有一口油井出现事故停产。

以刘玲玲名字命名的刘玲玲站，不但把每个员工都培养成本岗位的行家里手，而且技术上把女工个个都培养成了“刘玲玲”。

“站就是家，样样都佳”的刘玲玲站，如今最大的难题只有一个——不能照顾小家的愧疚。刘玲玲在每次上前线时，都是让婆婆先把孩子借故带出去，再匆匆忙忙奔离家门，生怕听到孩子的哭喊。而她每次回家，都三步并作两步，恨不得一下子飞到家。这群守住寂寞的人也渴望和亲人团聚在繁华的城市，享受美好的生活，但“做了石油人，就没法不奉献”。

从转业兵到贡献效益 1.16 亿元

姓名：靳占忠

出生年月：1953 年 9 月

单位：中国石油华北油田井下作业公司

岗位：井下作业工

别名：革新改造大能人

11 项发明创造获得国家实用新型专利，23 项创新成果获得部、局级奖，中国石油第一批工人技师、第一批高级工人技师和第一批技能专家，其革新成果在生产实际中得到推广应用，累计节约和创造经济效益 1.16 亿元。这就是靳占忠，2010 年全国劳动模范。

1978 年，只有初中文化的靳占忠从部队转业来到华北油田。走上作业工岗位的第一天起，他发现自己与同事之间在专业上巨大的差距，因此《修井手册》《试油作业工艺技术》等书籍成为他业余时间和工休间隙的必读书。在学习过程中，靳占忠与别人不太一样，他把简便、实用、高效作为目标，对解决岗位上生产难题的革新很是痴迷。

1987年，华北油田开始在作业系统推广使用液压油管钳。由于这种设备没有配套背钳，容易发生油管坠井事故，危险性很高。1989年年初，靳占忠决定研制液压油管钳背钳，解决这一难题。他与队友密切合作进行攻关，经过一年多上百次的试验和改进，“液压油管钳背钳”终于取得成功。这个工具极大地提高了修井速度和质量，避免因背钳打不牢固而发生油管坠落事故，同时减轻了劳动强度，降低了作业成本，受到工人和作业队普遍欢迎。

那一年，华北油田这个板块节省成本400多万元，并被大庆、胜利、中原等油田迅速推广，获得国家实用新型专利。

靳占忠的技术创新劲头由此“一发而不可收”。起下油管的液压动力钳，由于调压阀门压力不稳，时常出现油管脱扣或因丝扣过紧被迫割管的情况，平均每口井作业要割断15根油管。靳占忠通过技改实现液压自控，满足油管起下扭矩要求，耗时两个月时间完成第一代液压油管钳扭矩控制系统改造，不但大大减少割油管现象，而且提高施工进度，获得华北油田合理化建议一等奖。1999年，由他主研的第六代液压动力钳扭矩自控装置诞生，这套装置在华北油田各作业队推广使用后，每年为企业节省资金100多万元。

此后，靳占忠年年都有新的成果问世。抽油杆防喷悬挂器、锁母锁紧并带弯头的快速接头、抽油杆倒扣器、安全防脱吊卡销子等技术成果在作业岗位上大显身手。有人给他算过一笔细账，他完成的140多项发明创造、技术革新和合理化建议项目，十几年来为企业累计创造直接和间接经济效益1.16亿元。

光鲜成绩背后，是靳占忠由于长期的高强度劳动和不规律的生活导致的严重胃下垂，挤压肾下移4厘米，病情严重到吃饭喝水都要吐。因此，他离开了一线岗位，但他技术革新的热情未减反增，除做好本职工作外，他每天多了两件“必做”的事：第一件，挑拣废旧设备、零部件，修旧利废搞技改，一有空，他还开着自己的车到附近的旧五金机电市场去“淘宝”；第二件，利用业余时间查阅全厂1300多口油井的相关资料，请教技术人员和施工作业人员，掌握作业大队服务区域的每个油田、区块、每口油气井的地质结构、物性、井下复杂状况等。现在，作业队遇到施工问题只需给他打个电话，即使不到现场也能远程解决问题，成了大家心目中名副其实的修井专家。

随着年龄渐大，靳占忠的重心又转移到了带徒弟上，他先后与28位年轻工友结成师徒对子，手把手地教。这28个徒弟也不简单，有的成了集团公司的技能专家，有的成了公司的技术创新带头人，有的成了高级技师，还有的当上了基层队干部，被集团公司授予技能专家称号的黄树就是他的得意门生。靳占忠常说：“我现在的革新改造都是和徒弟们一起搞的，不要老把镜头对着我，应该多宣传宣传他们。个人的成功不算啥，大伙儿都成功才是真成功。”

平时，他每到一个工作岗位，就要把自己懂得的知识、积累的经验告诉身边的年轻人。他的徒弟中，有19人30次在各级技能比赛中获奖，先后完成110多个攻关项目，获国家实用新型专利26项。靳占忠和他的创新团队曾在一年内包揽华北油田井下作业工、作业机司机及团体等6项第一，7人次先后获得省部级技术大赛奖项。

从烫手山芋到司机之家

姓名：尚丽群

单位：中国石油青海销售西宁分公司

岗位：副经理兼尚丽群加油站经理

别名：千里古道尚大姐

2004年以前，地处西宁城北大堡子镇处的古道加油站还是个体私营，由于管理不善，经营惨淡，油品日销量只有1吨多，年销量最高不到400吨。2004年秋天，青海销售西宁分公司接下这个“烫手山芋”，有着18年工作经验的尚丽群被任命为首任经理。

到任后的第一件事，尚丽群并未集中精力考虑最大的问题——销量，而是开始研究如何为客户提供更有质量的服务，这令站内员工们，略微有些纳闷。尚丽群发现路过古道加油站的大车中，很多都是跨省的长途大货车。长途驾驶十分辛苦，休息、吃饭都很难保证。

于是，她带着员工们，为过往的大车司机建设了一个“司机之家”，并将这个“司机之家”像布置得如同在自己家一样：安放整齐的床铺，购置温暖的被褥，准备干净的厨具……窗明几净，食堂卫生整洁，甚至连厕所也是一点异味也没有。转眼入冬，为了让过往司机能得到片刻舒服的休息，尚丽群把暖气烧得热热的，好让司机们在开了一天车后，烫烫脚，舒服睡个觉。同时，她又让食堂按照司机师傅的口味准备饭菜，让过往司机能够尽量吃得像在家一样，美味可口并且干净卫生。

一传十，十传百，尚丽群的“司机之家”在司机们中很快就有了口碑，大家都喜欢亲切地把她称为“尚大姐”，大家也都喜欢到古道加油站来，因为这里让他们有了家的感觉。

一次，一辆卡车进站加油，司机下车付款时，尚丽群观察到他的裤管从裤脚一直豁到了膝盖处。尚丽群悄悄拉住司机说：“兄弟，你把裤子换下来，我帮你缝缝。”司机有点不好意思，但尚丽群立刻热情地说：“你就当我是你大姐，咱们都是一家人。”简单的一句话，不仅打消了司机的顾虑，也拉近了他们间的距离。尚丽群在营业室里，一针一线地将司机换下来的裤子缝好了。

这次以后，她特意备好了一个大针线盒，里面放有各式各样的扣子和各种颜色的线。只要看到司机衣服破了、扣子掉了，尚丽群就会主动帮其缝补好。她还准备洗衣机，主动帮前来加油的卡车司机洗净并甩干衣服和坐套。到现在，连洗衣机都用坏了 4 台。

担心高原上开水温度不够高，司机泡方便面时常会遇到夹生的情况，尚丽群购置了微波炉，甚至把面拿到站上食堂去煮，还免费加个蛋、搁点青菜，让司机们吃上一碗香喷喷的青菜鸡蛋方便面；担心刚到高原的司机出现高原反应，尚丽群就去买来野生红景天，切成薄片，熬成汤药做好准备。

油品紧缺的时候，一个不在古道加油站加油的车队，面临停运的困境，无奈之下，车队老板向尚丽群求援。尚丽群非常理解对方焦急的心情，“虽然不在我们站加油，但是既然找到我了，就没把我当外人。”她及时向公司专门汇报并申请资源，解决了这个车队燃眉之急。这次之后，这个车队和尚丽群加油站建立起了长期业务关系。

一位外省司机进站加油，不小心撞了加油站的柱子，算是交通事故。尚丽群见司机的活儿比较紧，就让司机先把货物拖回去，自己主动联系保险公司，帮着打理理赔事宜。她从来没接触过理赔，头次理赔“感觉就像上法庭”。但她还是边学边办，跑了两个多月，终于解决了所有理赔事宜，令那位司机感激不已。

2010 年 5 月 24 日，中国石油将古道加油站命名为“尚丽群加油站”。一批批老客户带着越来越多的新客户来这里加油，他们口中的那一声声“尚大姐”，似乎道出了缘由，也道出了尚丽群与司机师傅们浓浓的亲情。

从两度质疑到掌声响起

姓名：林兆勇

单位：川庆钻探工程公司川西钻探公司 70594 队

岗位：队长

别名：领跑提速进尺王

2013 年 5 月 7 日，北京，东直门。获得中国石油第七届十大杰出青年称号的林兆勇，作为川庆钻探公司成立以来第一个获得此荣誉的代表参加了颁奖典礼和座谈会。

5 月 8 日，成都，府青路。千里迢迢从北京载誉而归的林兆勇，在川庆钻探公司又披上“首届十大优秀青年标兵”的荣誉绶带，接受公司的嘉奖与表彰。

两天，两地，两个荣誉，这是年仅 32 岁的林兆勇事业上的一个“大场面”，兴奋、担忧、期待等情绪交织在一起，他内心翻江倒海。

2007 年 8 月，林兆勇正式分配到川钻 40113 队任技术员。尽管在前一年的实习期里掌握了不少东西，但突然就要离开师傅单独顶岗，如同婴儿突然“断奶”，林兆勇压力极大。

顶着压力，林兆勇“闯祸”了。在公 112X 井二开快速钻井阶段，工程设计书上的钻具组合为双扶正器防斜打直钻具组合，没有要求装回压凡尔，林兆勇照本宣科，直接按照设计下达钻具组合，让生产班下钻。当夜班司钻接班时，只剩两柱钻杆就完成下钻到井底时，发现钻具水眼返水，但林兆勇却没有引起足够的重视，让司钻继续下钻。当下钻到底准备继续钻进时，钻井液泵却开启不了，此时林兆勇才反应过来：卡钻。当时，地层已经发生垮塌，将钻具掩埋，钻具水眼被堵死，通过正憋反憋，仍然开不通泵，这在钻井过程中，是遇到的非常坏的场景，开不通泵就意味着井内无法循环，钻具会随着地层的垮塌被卡死在地下，后果不堪设想。

经过估算，这次事故复杂造成了近百万的经济损失，还耽误了的井队进尺。年轻的林兆勇因为缺少经验，没有反复经过推敲，莽撞地按照设计书下达指令，造成了严重的后果，公司对林兆勇颇有微词，对林兆勇的技术水平提出质疑。队上员工对林兆勇也很有意见，因为林兆勇的低级失误，大伙儿连续 10 天时间都在处理事故复杂，做返工活，还拖了队伍年进尺后腿，更重要的是，直接影响了这口井的完井奖，触动到了员工最根本的利益。

林兆勇压力空前。

在老队长吴凯彬的开导下，林兆勇进行了深刻的自我反省，并对自己提出要求：每天要集中百分之两百的精神投入工作。在井开钻之前，他不再盲目地按照甲方的设计书下达任务指令，而是查找邻井资料，认真研读设计，对照设计书，查找设计是否有缺陷，确保万无一失之后，再下达钻井施工技术指令。他针对每一开每一个层位，仔细识别施工风险，并做好技术交底和关键环节的把关，将风险降到最低，更加全面地看问题，尽最大努力避免人为的复杂和事故。过后的两年时间里，林兆勇再也没有在技术上出过半点差错。

林兆勇和井队员工一起给设备搬家安装

2009 年年底，林兆勇出任川庆 30508 队副队长。几天后，他遇上了钻井生涯中第一次特大险情。

12 月 29 日凌晨 1 点多钟，林兆勇所在的蓬莱 1 井发生险情，此时，队长到公司参会，技术员在家休假，现场就只有林兆勇一个技术干部。林兆勇迅速冲进井场，发现关井压力已经达到 20 兆帕，这是他参加工作以来见过的最大关井压力。林兆勇强迫自己沉着冷静下来，脑海里立刻呈现出工程师压井法的每道工序，他迅速组织全队员工抢险，每一环节他都亲力亲为，身影满布井场。凌晨 4 点，经过压井放喷，险情终于解除，这时，一直处于神经高度紧张状态的林兆勇缓缓地吐了一口长气。

林兆勇这次临危不乱，安全快速有效地处理险情，在公司范围得到了高度认可。三个月后，年仅 28 岁的林兆勇当上了川西钻探公司王牌队伍川庆 40525 队的队长。

任命一出，林兆勇又一次被质疑。这支队伍当年的年进尺目标是 2 万 5 公里，年轻的林兆勇是否具备这个能力?

带着超强的信心和初生牛犊不怕虎的勇气，林兆勇接过了川庆 40525 队的大旗，下定决心，大干一场。40525 队是合川钻井提速会战的标杆队，林兆勇要想建功立业，首先要摸清合川地层的“脾气”。他将宿舍安置在井场边，一头扎进生产班，一个本子一支笔，一双破手套一身“黑工衣”，与员工打成一片，开展提速先导性试验。晚上，林兆勇几乎都是和衣而睡，井场一有异响，半睡半醒的他一跃而起，第一时间出现在井场，无论设备问题还是技术问题，林兆勇都亲身参与解决。那些日子，林兆勇的生物钟被完全打乱，深夜 4 点多钟，觉得自己好像应该睡觉了，就合上笔记本电脑，在床上小憩一会儿，天亮了，又翻身起床，到井场查看夜班的钻井数据；中午，吃饭的时间到了，他却没有饥饿的感觉，麻木地端着饭碗狼吞虎咽，又钻进井场里。

工夫不负有心人，林兆勇带领队伍成功探索和总结出表层钻进、二开直井段、造斜段、稳斜段四个分段提速模式，并率先实验性地采用 PDC+中速螺杆复合稳斜方式，成功穿越须家河长井段砂岩段，机械钻速与过去相比，提高了 70%，开辟了合川区块钻井提速新模式。

运用这种自主创新的“极速模式”，川庆 40525 队在合川区块创造了最快钻井周期 22.38 天、最高机械钻速 6.28 米／小时、最高钻机月速 2171.87 米／台月等 20 多项构造钻井纪录。

林兆勇和队上员工一起检修设备

在提速过程中，林兆勇发现，队上员工业务技能水平存在参差不齐的现象。这种现象的产生，有来自于工作经验的影响，有来自于思想动力的影响，有来自于工作方法的影响。为了打破这种格局，林兆勇把提高员工素质作为提升队伍战斗力的重要抓手，在队上积极开展钻井提速大讨论与实践活动，组织安全、技术操作和理论等方面的集中培训教育，采取签订师徒合同的方式搞好传、帮、带，开展以班组或岗位为单位的“赛时效、赛安全、赛管理”劳动竞赛，并设立“金点子”“铁榔头”等专项奖励基金，以此激励员工的工作主动性和上进心，有效推进了员工素质提升工程。

在合川提速会战中，林兆勇带领队伍拼命抢时间、拼命抢进尺、拼命创纪录，成了“拼命三郎”。有一次在合川进行搬家安装，为了节约时间，林兆勇带领员工们从早上天一亮就开始工作，一直干到晚上 10 点，中途全靠炊事班送快餐到井场。队上员工刘俊宏回忆起当时的场面，用“激情四射”四个字来概括：每天早上，一人一盆面条加包子；中午，炊事班将配好餐的盖浇饭送到井场边，饿了的人就暂时放下自己手里的工作，跑到井场边上“吞”完午饭，又回到工作岗位上开始舞起榔头。“没有谁逼我们这样工作，都是自愿的，谁也不好意思休息，因为林队长都亲自在井场干得热火朝天！”刘俊宏说。每天晚上10点钟下班后，林兆勇才和全队员工到附近小镇上吃晚饭，随后，林兆勇还要和指导员王建国一起到大街上“游荡”，为员工们找住宿地。井队周边的小镇都是小旅馆，一家旅馆根本“收容”不了那么多石油汉子，林兆勇只能将兄弟们分散在几个旅馆住宿，在每个旅馆安排一个负责人，确保员工们的安全。

“安全无小事。”林兆勇经常用这句话告诫自己，同时也告诫全队员工。在生产上，他积极树立一切操作只有“规定动作”的思想，大力推进HSE体系管理工作，始终视安全生产为“天字号工程”，严格执行岗位责任制和全员安全承诺制，实行“岗对岗交接”和“每日联合办公会”制，引导员工树立“意识生安全、安全生效益”理念，激发员工安全打井的热情。特别是在生产场所和生活区域的风险识别和管理中，他非常注重检查和销项环节，发现隐患，当即整改，并要求做好持续改进，实现了井队生产生活双区域风险控制率100%。

2010年底，川庆40525队在川渝地区率先突破一万米、两万米大关，并多次获得川渝地区钻井技术创新指标一等奖，被誉为钻井提速的先锋队，斩获队年进尺22238米，再次蝉联川渝地区钻井进尺第一名。此刻，关于林兆勇，再也没有质疑的声音。

截至2013年，林兆勇带领川庆40525队安全实现20开19完，完成进尺47000余米，队伍年进尺年年上万米，为推动川庆钻探钻井整体提速做出了极大贡献。

牺牲和付出终于有了回报。2012年年底，中国石油集团选树优秀钻井队长，林兆勇在群英之中脱颖而出，成功当选为中国石油优秀钻井队长。2013 年 5 月，经过川庆钻探公司推荐和集团公司投票选举，林兆勇成功当选为中国石油第七届十大杰出青年，获得中国石油青年群体最高荣誉。

在一次次掌声中，林兆勇只有一句最朴实而简短但却最充满力量与热血的话语：感谢帮助过我的每一个人，我热爱石油、热爱钻井，在这里，我找得到了人生的价值。

从一名采油女工到身兼多重角色

姓名：尤立红

单位：大港油田采油五厂作业一区油水井管理五组

岗位：组长

别名：新时期油井大夫

尤立红很平凡。1996 年技校毕业的她，在一线一干就是 20 年，至今还是一名“兵头将尾”的班组长。但她又很不平凡，在央企职业技能大赛中摘金，与专家、教授一起编写教材，年纪轻轻就成为集团公司技能专家。全国劳动模范、全国三八红旗手标兵、党的十八大代表……拥有诸多荣誉的她是大港油田的技术带头人，是众多高徒的名师，是创新工作室的掌门人，随着工作经历的增加，尤立红的角色越来越多重化。

一身红色工装，扎着马尾辫，不施粉黛的瓜子脸上总是带着笑，但干起活来，尤立红很严肃，非要打破砂锅问到底，把技术原理和科学道理弄个明白。为此，笔记本是她最好的“闺密”，走到哪儿、带到哪儿、记到哪儿。尤立红随手做的笔记有 30 多本计 20 余万字，翻破了 30 多册采油专业书。

2006 年，中央企业职业技能大赛采油工比赛在大港油田举办。培训选拔阶段，尤立红因生孩子耽误了一段时间。为此，在长达 50 天的强化学习阶段，她每天坚持多练 1 小时计算机打字，多画 1 张工件测绘图，多学两小时理论，休息时间不足 5 个小时。很顺利的，尤立红通过第一轮选拔赛后，她既高兴又难受。离家去集训，就意味着要给襁褓中的孩子断奶，并与孩子分开几个月。她再三犹豫，心一横转身走出家门。

牙块螺丝被卡时推平衡块，这是采油工技能操作的重要一环。对于身单力薄的女选手来说，这项操作就更难。她绞尽脑汁，找出不用推而直接用套筒就能取出牙块的方法，而且还能避免因为操作顺序颠倒而被扣分的风险。最终，她和其他 7 名选手代表大港油田闯入中央企业职业技能大赛决赛，并一举夺得金牌。

第二年，作业区希望她到二线担任专职培训教师。喜欢和油井打交道的她，毅然放弃这一机会，选择继续留在夺油上产第一线。这一留，就是近 20 年，尤立红练就出纯熟的技能，干出自己的特色。

尤立红认为，新时期的采油工是油井“大夫”，要能做“高级护理”。这就要求采油工不能安于做“看井工”，天天上班就取个样、看个压力，应该做一名“管井工”，对每口井的具体信息，如生产层位、工作制度、洗井周期等了如指掌，积极提出对策和建议，落实到生产中，确保油井稳产增产。

然而，油井“大夫”并不好当。管理五组有 67 口油井和 36 口水井，每天都要逐一检查设备、采集油样、记录数据……每天，尤立红像医生一样对每口油井“望闻问切”，甚至为摸清一口油井的“脾气秉性”，她连续一个星期不回家，不揭开谜底绝不罢休。

港西油田是一个已经开发 40 多年的老油田。为确保油井持续稳产，尤立红主动要求来到这里作业一区油水井管理组。一次核产时，尤立红发现一口井在连接流程停放套管气时，只停了不到 5 分钟，压力和电流就发生很大变化，波动对稳产带来很大隐患，油井面临停产的危险。为此，她连续两天琢磨解决的办法，最后想出连接单侧套管双翼放气流程的方法。试用后，核产、查嘴时再也不用停放套管气，保证了油井平稳生产。这个方法得到作业区的认可，在全厂 100 多口电泵井推广使用，每月避免停产井 20 多口，大大节省修井费用。她所在管理组免修期超过 600 天的“长寿井”，达全组油井总数的近一半。

参加工作以来，尤立红先后解决生产难题 80 多个，创造了多种先进工作法，提出合理化建议 2C0 余条，开展技术革新 15 项，为油田创造直接经济效益上千万元。

可尤立红并没有满足，她总想把自己的知识和技能传授给其他员工，让大家一起进步。人们常说，教会徒弟，饿死师傅。尤立红却说：“要走得快，就一个人走；要走得远，就要大家一起走。”

2010 年，集团公司举办采油工职业技能竞赛。作为大港油田代表队教练组骨干成员，尤立红全程指导备战选手。队员李永梅产后身体尚需恢复和调整，又腰部受伤，倒流程的速度一直提不上去。尤立红帮她认真分析操作过程，对准备工具的顺序、剪垫子的方法、活动扳手的使用、涂黄油的方式等一一优化调整，原本 12 分钟的操作，缩短了 1.5 分钟。最终，李永梅收获一枚宝贵的银牌，大港油田夺得一金、三银、四铜和团体第一名。

无论是集中培训还是日常培训，尤立红总是频出新招。“给员工做培训是为了推动企业发展，应当创新授课方式，提升培训效果。”为此，她制作了生动新颖的多媒体课件，总结出“互动教学法”“标准操作分解法”等多种学习方法。不过，尤立红并不满足。这不，最近她又迷上了动画课件制作，力争获得更好的授课效果。

2013 年 12 月，“尤立红劳模创新工作室”挂牌成立。她带领这支集结了省部级劳模、技术骨干等人员的创新团队，挖掘员工中的绝招、绝技、绝活，推广先进操作法，助推了大港油田的创新热潮。其中，延长油井检泵周期的“2+4 油井管理法”、判断抽油机具体故障部位的“听声辨位法”等操作方法，在基层备受好评；“一种流程对正装置”“一种防盗箱报警装置”等发明广泛用于一线生产，并申报了国家专利。

从低量站到万吨站

姓名：邵从海

单位：江苏销售南京分公司

岗位：城东加油站经理

别名：油站智多星

受地理位置、客户类型和道路交通影响，江苏销售南京分公司的城东加油站每天上午和下午各有一个加油高峰。高峰时，车多人手少，以致一些客户等不及而到别处加油。

该站的经理邵从海动起脑筋，将19名员工中的16人分成四个班，其余3人成立机动班。倒班方式由四班三倒，变为四班两倒，机动班在早晚加油高峰两两上岗。同时，从下一班抽一人参加平抑高峰，使高峰期加油员成“2+2+1”组合态式。每个班依次倒完一个白班和一个夜班，便可连续休息48小时。新的排班方式不仅有效解决高峰矛盾，平均日销量提高13吨，也让员工休息更充分。

就是这个邵从海，进入中国石油10年，先后在6座加油站担任经理，摘掉两座加油站低量帽子，培育4座万吨站和3个百万元便利店，做响5座五星级站，打造3座“省级样板管理站”，创建了1个“集团公司标杆班组”和1个“全国青年文明号单位”。

江苏销售江阴黄田港加油站环境复杂，4个路口有3个被小商贩挤占，有的拉脚倒客，有的带路收费，有的“碰瓷”诈钱，有的推车挎篮进站叫卖，还有个别客户加油不给钱、站内吸烟和接打手机等。由于环境恶劣，秩序混乱，老客户不愿来，到门口的客户进不来，加油站销量徘徊不前。

面对这种状况，邵从海认识到加油站自身势单力薄，必须依靠当地政府排除无序现象，营造良好的经营环境。

安排好站里工作后，邵从海跑到市里，找有关部门反映情况；给公安局长写信，提出意见和建议；主动与派出所、城管办和交警中队一起商量，讨论解决办法；加油站成立综合管理小分队，负责疏导3个路口；请片区民警定点到加油站巡逻，随时解决治安隐患。上级考虑到加油站的实际情况，为站里配备了一名治安协管员。邵从海又多方联系，奔走呼吁，促成在当地食品批发市场为小商贩辟出专区专位。一套组合办法下来，加油站流动卖货的现象消失了。

此后，黄田港加油站经营秩序明显好转，日进站车辆超过1600辆次，平均日销量达到34吨，被评为“全国青年文明号”。

来到地处南京至上海、浙江和安徽的快速干道的城东加油站后，邵从海观察到这里的车流量大、进站率高，“快加快走”是改善服务和扩销上量的关键因素，他便在“快”字上绞尽脑汁，把文章做足。

城东加油站以加汽油为主，配备4台加油机14把枪。以前，因为场地标定问题，常常是一台加油机两边各停一辆车就把地方占满了，后面车上不来，停不下，造成“有枪使不上，想加必排队”的怪现象。

邵从海打起了科学合理标定场地的主意。他捧着《加油站细节管理手册》入神凝思，运用三维平面结构原理，在现场反复测量、计算、画图，用不同型号车辆反复试停，既与加油岛保持安全距离，又为进出车辆留出宽敞通道，既保证两侧车辆停得下，又保证加油枪胶管够得着。经过几十次试验，最终重新规划标定加油场地，加油效率成倍提高，单车加油只要三五分钟。

受社会环境影响和市场经济的熏陶，年轻的邵从海表现出极强的商品经济意识。2002年，22岁的邵从海任徐州分公司腾飞加油站经理，在全省最早开办汽车美容中心，当年非油日销售收入就达到930元。

2004年，黄田港加油站启动便利店经营，周边有多家大型超市、连锁店、小卖部。邵从海针对客户群连施“三计”，创造了效益。第一计，进店消暑。江阴的夏天湿热难耐，邵从海把每条一角钱的小毛巾浸水冰镇，装入塑料袋，别在赠阅的《现代司机报》上。顾客在便利店边小憩边看报，消暑纳凉。第二计，开心看货。在特色商品展位插上画着不同脸谱的小彩旗，用三言两语写上小寓言、小笑话，让人看了开心一笑，特色商品进入眼帘。第三计，巧备商品。加油站便利店一大客户群是货车司机，有些不喜欢单买洗漱用品，邵从海就组织员工制作“洗漱包”，摆上柜台，非常“抢手”。长途旅客需要方便食品，邵从海多方考察，改进配方，加工奶香味茶叶蛋，一天卖出400多个。当年，黄田港加油站便利店实现非油销售收入113万元。

公司看中邵从海的非油销售能力，把他从黄田港加油站调入南京分公司，为这里刚起步的非油业务出力献策。邵从海每天开车跑手续、办执照、领证件，与康师傅、红牛、五谷道场等知名供货商洽谈合作，举办非油业务培训班，给加油站经理和便利店骨干讲授进货原则、商品陈列、推销技巧等业务知识，并做成多媒体课件，每个站演示，每个区推进，每件事落实。经过一年多打拼，这个没有职务、没有级别、没有权力、没有编制的“机关干部”，硬是靠责任和智慧在南京搞起22个加油站便利店，为企业创效作出了巨大贡献。

爱动脑的邵从海

邵从海调入城东加油站时，便利店日销售收入仅有850元。他到大型超市调查，到星级酒店取经，到居民小区拜访。经过反复比较，潜心研究，提出“人无我有，人有我精，人精我变，人变我先”的经营理念，总结出便利店商品推销“六法”，即发现需求、创造感动、服务引导、连带捆绑、地缘亲近、赠品刺激，推动便利店业务快速发展。

一瓶小小燃油精创造大效益的故事，也展现了邵从海的智慧。为了促进燃油精销售，邵从海先是在加油机上开起“小超市”，把成打成捆的燃油精摆放在加油机的透空区。可摆放越多，司机越不愿买。邵从海随即改变促销策略，根据客户心理，找准消费需求点，增强商品吸引力，把卖完的燃油精空瓶收集起来，装入一个大纸箱，摆在加油机旁边，新瓶放在上面。空瓶越多证明燃油精越畅销，越刺激驾车人购买，结果最多一天卖出去92瓶，效益相当可观。截至10月底，城东加油站已实现非油销售收入243万元，日均8045元，成为江苏销售公司非油收入最高的样板店。

创效，邵从海彰显智慧；降费，更是计高一筹。他带过的6座加油站，水电费、维修费、办公费全面下降，令许多站经理赞叹不已。

恒友加油站水电费超支，影响了员工收入，邵从海把水电设备使用管理责任全部落实到人头，每天交接班时抄电表、水表，纳入当班成本核算，每月水电费比原来减少1500多元。大明路加油站由流水洗车改为“定时盆供”，由场地泼水改为喷壶淋洒，夜间“定位加油、对应供电”，饮料瓶、塑料桶、包装箱、旧报纸、酸奶盒等统统回收，用卖废品的钱交电话费、买办公用品，每月水电费比核定指标节省1000多元，比原来减少2500元。

城东加油站建设标准高，降费压力大，邵从海开动脑筋，挖掘潜力，成立设备维修组，加油机换滤网、加油枪换配件等简单维修项目全部自己干。为了节电，加油站空调遥控器由专人保管；零管系统不关主机，显示屏现用现开；打印机不换硒鼓充墨粉，不换墨盒换墨水，等等。

在中国石油工作时间越长，邵从海越深刻体会到干事创业就是要在中国石油。从此他工作更加专心致志，金点子也越来越多。由于业绩突出，邵从海先后荣获中国石油十大模范加油站经理、集团公司优秀青年、劳动模范等各种荣誉称号 20 多项。

从“小乔工”到“老巧工”

在中国石油冀东油田有一位“乔工”，姓乔的工程师，人们称他为“巧工”。这位“巧工”，驻守盐碱荒滩 26 年，获 6 项国家发明专利，主持研发新产品百余种。

2015 年 2 月，中国石油冀东油田瑞丰化工公司生产研发中心主任工程师乔孟占，再次成为“明星”。继 2012 年获得河北省“十佳职工发明家”、2013 年获得河北省“能工巧匠”、2014 获得河北省“劳动模范”等荣誉之后，2015 年乔孟占又荣获“全国劳动模范”称号。

1989 年 5 月，那个时候的“小乔”——乔孟占，是天津大学应用化学系的硕士毕业生，怀揣干一番事业的豪情，来到了新成立不久的冀东油田，从事起油田化学的研究工作。

这一干，在盐碱荒滩上就待过了 26 个年头。

当时，冀东油田的生产、生活环境十分艰苦，乔孟占毫不在乎，始终脚踏实地、勤奋工作。

为了攻克油田开发遇到的现实难题，乔孟占发挥聪明才智，在化学药剂选择和配制上勤耕不辍。

一百五六十种选剂，十多项指标，加上不同储层、岩性情况，往往为了攻克一个问题，需要做成千上万个试验，收集数以万计的数据。

有一次，他带领团队成员到南堡 2 号人工岛现场跟踪油层保护剂效果。天气突变，寒流袭击，海上交通封航，他们被困在岛上，一待就是 6 天。

没吃的、没住的、缺少保暖衣，他们向钻井队和作业区求助，千方百计克服困难。他们利用驻岛时间改进收集方法，取得岛上 7 个井队每口井产品使用的完整数据体系。

厚积而薄发。扎实的理论功底，加上多年的积累，乔孟占练就了精湛的化学复配技能，在油田化学领域逐渐崭露头角，并攻克了油田开发中遇到的一个个现实难题。

南堡油田东营组一号构造储层酸化解堵问题，一直是冀东油田的疑难问题，先后用盐酸、土酸、氟硼酸、多氢酸等手段进行改造，均取得预期效果，但总有些许瑕疵，未尽如人意。

乔孟占牢牢记住了这件事。他深入查阅该层位地质资料，广泛调研国内外酸化解堵技术，仔细分析各种酸化手段的优缺点，充分权衡成本和效率的关系，选择开发新药剂作为解堵方案的关键介入点，进行技术攻关。

2009 年，由乔孟占主持的研发团队终于成功研究开发出了冀东油田具有自主知识产权的第一套多元缓速酸体系，该酸化体系的显著特点是，对岩石骨架保护效果好、溶蚀黏土胶结物能力低、可解除多种储层堵塞情况。

一路走来，乔孟占在油田化学科研领域共获得国家发明专利 6 项，发表论文 10 余篇；获得市局级奖项 6 个，其他各类奖项 10 余个；他主持研发了钻井液用硅稀释稳定剂、两性离子聚合醇、黏土防膨剂等油田化学新产品几百种，研制的各类产品已累计使用 1.2 万吨，创经济效益 2 亿余元。

2011 年底，瑞丰化工公司建立了以他名字命名的“乔孟占创新工作室”。成立至今，已开发投产包括调剖、压裂、集输、钻井体系等方面的新产品 29 个。2014 年，工作室被唐山市总工会授予“市级职工创新工作室”。

他本人所在的瑞丰化工公司经过20多年的发展，如今成为冀东油田唯一一家拥有危险化学品管理资质，荣获国家高新技术企业的重要生产保运单位。

而当年的“小乔”也变成了“老乔”，但他始终记得自己是“乔工”，要做一名“巧工”。

乔孟占常说：“搞科研，最重要的一点是要耐得住寂寞，守得住心。”

不是说耐得住寂寞、守得住心就能成为劳模，但劳模却必须能耐得住寂寞、受得了苦、吃得了亏。

第三章

坚持：衡量持之以恒的温度

没有水滴石穿的奢望，没有来了再走的选择。扎根、生长、开放，他们穷尽最美的时光只为成为自己，一个把初衷熬成使命、把无奈沤成习惯、把坚持当作热爱的自己。故事琐碎，但，恒有温度。

工人过硬的技术是企业竞争的根本。

——何天伦

他每天靠打三针胰岛素维持生命

他只有初中学历，却常跟外国专家打交道，是一位“手到病除”信誉极高的工人技师；他参与了几十个工程项目建设，功勋卓著。同时，他又是一位承受着20多年病痛折磨的胰岛素依赖型糖尿病患者……他集许多“不可能”的矛盾于一身，屡屡创造奇迹。

他叫何天伦，吉林化建电气工程有限公司调试班班长，一位新时代的“工人技师”。34年的工作生涯就是他不断向书本、向实践、向他人学习的艰辛历程。

1971年，何天伦到吉林化集电气工程有限公司工作。刚参加工作的时候，何天伦的工资不高，但大部分都让他用在买书上，他深知自己岗位普通、学历不高，必须通过刻苦学习和锻炼，才能练出真本领。一边工作一边学习的他，先后完成了高中课程和电工基础理论的自学。

1984年，何天伦参加当时举国关注的大项目——大庆30万吨乙烯工程建设时患上了糖尿病，可他并没有太在意。1990年，糖尿病转为胰岛素依赖型，何天伦身体极其虚弱，每天靠到医院打三针胰岛素维持生命。他嫌去医院耽误时间，就学会打针，一天三次为自己注射胰岛素。患病后，繁重的工作使何天伦难以吃消，他挤出时间在夜里学习，研究工程建设中的电调新技术。这使他血糖增高，常常心情焦躁，彻夜难眠，在施工现场几次昏倒，幸亏及时送医院，才没危及生命。

也就在1990年，吉化化肥厂二硝车间改造工程，何天伦负责电气设备的调试。两次试车，电机声音仍不正常。已住进医院的何天伦不顾重病，办了临时出院手续，对设备系统严细认真地检查调整了一遍。结果，仅用了20多秒，装置就顺利启动。

患病的17年，也是何天伦追求、奋斗的17年。他掌握了电调工作的全部理论，以惊人的毅力学习了大学专业课程，积累了几十万字的学习笔记和国内外大型电气装置电调工作经验记录，成为电气行业公认的电调专业拔尖人才和省内外闻名的电调专家。1995年，针对吉化动力厂3号发电机组三台发电机组并网不稳的问题，他大胆提出对励磁调节装置进行修改的方案，获得成功，攻克了并网不稳的重要课题，所采用工法获吉化QC成果一等奖。1996年他根据吉化乙烯建设工期紧和工程实际情况，撰写了《低电压电流接地保护》《倒送电操作法》两篇技术论文，对班组进行技术培训，并将这两项研究成果编成操作法，应用到动力厂中总降变电所施工和聚乙烯装置送电开车上，使两套装置一次送电成功。

在钻研道路上越走越深的何天伦意识到，电气调试工作技术性强，必须依托深厚的理论基础和实践经验。何天伦买了十几本电工理论书，拿出才参加工作时的激情，学习了包括哈尔滨工业大学《电工学》《电力系统继电保护》等在内的一些教材。他十分注重工程实际经验的总结，积累了几十万字的学习笔记。

2008 年 6 月，吉林化建电气工程有限公司成立了“何天伦电调工作室”。他对年轻人提出的问题有问必答、有求必应，培训了一批又一批年轻工人，成为该公司开拓电气检验调试市场的一张“王牌”。同样是完成一个化工建设项目的电气校验调试，同行需要七八个人，而何天伦工作室只需两三个人就能完成，年均工作量是同行的几倍。凭着“人无我有，人有我优”的技能，引得客户纷纷找上门。

在何天伦心里，技术能在实际工作中得到应用，要比个人得到点名声强得多；电调班这个集体技术上的进步，要比他个人得到点名声强得多。

每天靠打三针胰岛素维持生命，何天伦不折不扣是个“铁人”。与疾病顽强抗争的日子里，他刻苦钻研技术，积累了深厚的理论功底和丰富的实践经验，解决了世界上很多没能解决的工程送电、试车等关键技术问题。

工作四十余载，何天伦获誉满满：全国职工职业道德十佳标兵、全国劳动模范、全国五一劳动奖章、中国石油特等劳动模范，等等。荣誉的背后总有艰辛，而这也许正是练就绝技的必经之路。

理塘海拔虽高、气候虽冷，但我们的心一定要热。

——扎西彭措

他扎根“世界高城”

“在那遥远的地方，有位好姑娘……我愿做一只小羊，跟在她身旁……”在扎西彭措的电脑里，总会循环播着《在那遥远的地方》。谈及缘由，这位藏族汉子眼中噙泪：“我和爱人离婚后，经常听这歌，算是情感寄托。”

康巴汉子快人快语，但这句话里分明有几分不舍。2003 年，扎西彭措从故乡巴塘来到理塘加油站任站长，在理塘这座海拔 4200 米 的“世界高城”一待就是 11 年。11 年以站为家的生活让他和家人聚少离多，来这里的第二年，他就和爱人离了婚。

那段时间，扎西彭措强忍着家庭变故带来的悲伤，在艰苦的工作环境下，硬是让理塘加油站慢慢壮大起来：员工越来越多，业务也越来越广。跟随他的员工换了一拨又一拨，唯独他坚守至今。

“扎西彭措把人生最美好的时光都奉献给了理塘加油站。11 年间，他无怨无悔、甘愿奉献，守住川藏油路的最高‘阵地’，塑造了‘缺氧不缺精神，艰苦不降标准’的高原石油精神。”中国石油四川销售甘孜分公司党委书记李俊说。

扎西彭措从小生活在甘孜州的“小江南”——巴塘县。2003 年，刚被调到理塘县工作的他身体极为不适。严重缺氧使他经常头昏脑涨、胸闷气短、心跳过速、流鼻血。尤其到了晚上，常常头痛欲裂，难以入眠。爱人无法承受长期的两地分居，提出离婚。扎西彭措也曾动摇过、伤心过，甚至想一走了之，与家人团聚。

在那段艰难抉择的日子里，领导的关心、同事的帮助、组织的关怀让扎西彭措最后决定留下。四川甘孜州理塘县属于纯牧区，全县没有骨干企业，机动车辆仅有 1000 余辆。为了扩大经营规模，促进成品油零售销量上升，扎西彭措与员工们不辞辛劳，奔波于各乡镇和矿山，向藏族朋友宣传中国石油的经营理念、服务宗旨及石油知识。为取信于顾客，在日常服务之外，理塘加油站还加增了为客户送油的服务。2014 年 2 月的一天，扎西彭措带着油罐车前往离县城 170 公里、海拔 5200 米的措拉乡矿山送油。风雪弥漫、大雪封山，由于路滑、雪厚，油罐车行进十分艰难。

“跟我来。”扎西彭措一边说一边跳进“雪海”，拿起铁铲一铲一铲地除雪，押运员也跟在后面撬。累了，大家就找块干地，紧紧依偎在一起休息；饿了就吃几把糌粑，奋战一昼夜终于把油送到措拉乡矿山。“由于大雪封山，我们矿山已断油多日。今天你们真是雪中送炭啊，太感谢你们了！”矿山老板感动地说。

工夫不负有心人。11 年来，扎西彭措辗转于理塘县 25 个乡镇，行程 3 万多公里，建立固定客户群 1000 多户，加油站销售量日渐上升。2014 年与 2013 年相比，销售量从 3700 吨上升到 4600 吨。900 吨的增量，对处在全国特级贫困县的理塘加油站来说，已是奇迹。

由于理塘县特殊的地理环境和恶劣气候，加油站员工一年到头难以吃上一口新鲜蔬菜。员工们都出现嘴皮干裂、头发脱落等缺乏维生素的症状。扎西彭措看在眼里，痛在心里。

“如果能效仿内地的温室大棚，自己开荒种蔬菜，那就可以解决吃菜难的问题了。”这个大胆的想法在扎西彭措的心中开始萌芽。他开始上网搜索资料，从各类蔬菜的播种、施肥、培育到移植，从蔬菜生长对环境、气候和土质的要求，扎西彭措用藏汉双语记满了 3 个笔记本。

掌握了初步的理论和技术后，扎西彭措和员工们开始除石、铺土、下种、浇水、除草……那段时间，他和员工们像呵护婴儿一样，悉心照料着每一粒蔬菜种子。

经过几个月的摸索和反复实践，大棚里终于种出小白菜、萝卜、青椒等绿色蔬菜。能吃上比肉还金贵的蔬菜，员工的身体状况有了好转，扎西彭措却落下一身病。因长期过度疲劳和缺氧，2011 年 2 月，扎西彭措被诊断出高原性心脏病。为了不影响工作，他把病情隐瞒了 3 年。直到 2014 年 5 月，扎西彭措晕倒在加油站，公司领导才得知他的病情。这就是扎西彭措，川藏线上当之无愧的“油路卫士”。

如果让我选择，我第一选钻井队，第二选钻井队，第三还是选钻井队。

——牛星壮

他选择风雨钻台

身材粗壮，四方黑脸，胡子拉碴，粗犷豪放的外表透露出坚强和刚毅，这是扎根井队30年而不改初衷的渤海钻探第三钻井公司70522钻井队队长牛星壮的素描像。他钻井有三“神”：速度快、难度大、成功率高，打破多项国内外纪录，被同行誉为“钻井神牛”。

傲人成绩背后是他勇于担当，坚忍不拔的毅力。“没有吃苦耐劳的铁人精神，就别来当石油工人。”这是牛星壮在钻台上拼搏30多个春秋后得出的结论，也是他职业生涯的真实写照。

1

1979 年 8 月，一个激动人心的消息传到了农村青年牛星壮的耳朵里：大港油田在天津招工。

听到这个消息，20 岁的牛星壮禁不住热血沸腾。那首《我为祖国献石油》使得牛星壮内心深处充满对石油人生活的憧憬和向往，认定油田是一个轰轰烈烈、痛痛快快干事业的地方。于是他暗下决心：到油田去，一定要到油田去。

牛星壮被分到钻井队当钻工，来到人迹罕至、条件艰苦的盐碱滩上，日夜在露天钻井平台上作业。面对孤零零的井架，他没有抱怨，而是尽快弄懂钻井施工的各道工序。上班时，他边干活边琢磨，对照井场设备，一遍遍在心里默记，不明白的地方就向老师傅、技术员请教，直到弄懂为止。不到两年时间，他被提拔为司钻，后又被提升为井队副队长、队长。“我要做一名最棒的石油工人。”牛星壮跨出事业第一步时，就立下明确的奋斗目标。

1987 年的一天，在处理一口井事故时，他被喷出的方瓦当场打昏了过去。在三天的昏迷中，他两进手术室，因为右脑淤血、左脑淤水，做了左右脑开颅手术。

“牛子，养好伤去后勤吧。”公司领导考虑到他的身体，决定调他去二线，可牛星壮说这辈子他跟钻井队结下了不解之缘，不愿意离开。他像一头倔强的黄牛，在进尺关键时刻 24 小时连轴转不下井场。开颅后遗症是常常头痛，刮风下雨、干活过累、缺少睡眠，都会头疼欲裂。怕同事们知道，牛星壮身上常揣着止痛片。

20世纪末，一场罕见的洪水袭击了华北地区，他当时所带领的45111钻井队施工现场正好处在泄洪区，井场被洪水围困长达一个多月，生产和生活都陷入困境。偏偏此时，牛星壮家中也遭遇水灾，庄稼和房子被水淹了。父亲病倒了，妻子也因脚部骨折躺在炕上。

没做太多权衡，牛星壮坚持把全部身心投入到井队生产自救中。钻头没有了，供应车又开不进来，他就淌着没膝的水深一脚浅一脚走了六七公里水路，从邻队借到了钻头。一只钻井钻头120多斤，他愣是抱着这个铁疙瘩趟水一步步挪到了井队里，钻机终于又轰鸣起来。他这才放下心来，回到家里照顾自己的父亲和妻子。

2

2004 年，牛星壮带领 70522 钻井队闯进青海开特米里克地区，承担高难度开 2 井的钻探任务。

青海开特米里克地区是石油勘探的“禁区”，海拔 3000 多米，寸草不生，高寒缺氧，被称为“魔鬼城”。在这片生存都十分艰难的荒原上，钻井施工尤为困难，此前从无成功的先例。听说要在“魔鬼城”钻井，很多人都产生了畏难情绪，但牛星壮主动请缨，要求奔赴开特米里克。

“魔鬼城”地层坚硬得像戴了钢盔，90 分钟钻不到 1 米进尺，但开 2 井设计井深 4350 米，这可愁坏了“神牛”。凭借多年钻井经验，结合当地地层特点，他大胆提出使用 PDC 钻头。这种钻头在这个区块从未应用过且技术含量很高，不少队友心里都犯嘀咕。但随着钻井深度的加大，队友对他提出使用 PDC 钻头越来越有信心。信心十足，干劲也变得十足。

钻井难题没能难住牛星壮，可高原反应带给他和队友的不适越来越难以忍受：头晕、乏力和流鼻血等症状一一出现，一个班下来就有几个人抱氧气瓶。牛星壮强忍着身体不适，把休息机会更多地留给队友，可工伤后遗症频繁发作让他备受折磨。夜晚刺骨的寒冷更是让人难以忍耐，“不能忍也要忍，我老牛不是孬种，我老牛带的队伍更不是孬种！”

凭着这股韧劲，牛星壮带领全队克服重重困难，攻克地层复杂、可钻性差、无任何可参照地质资料和工程技术参数等技术难关。实现这个地区单只钻头进尺 1090 米，创造青海油田在这个区块成功钻探的新纪录。开 2 井经过 3 次加深作业，共发现 48 个油气显示层，实现青海油田勘探史上的重大发现，为增储上产打下坚实基础。

3

2005 年，牛星壮带队奔赴新疆塔河地区，承钻中国石化部署的五开超深高难度盐膏层评价井——T760 井。

T760 井要穿过 168 米蠕动性膏盐层，属世界级钻井技术难题。为确保施工顺利，牛星壮与项目部技术人员一起制定施工措施，和同事冒着高温，每天将上百吨钻井液材料加入井内，最多一天加钻井液材料 150 余吨。有时一个班下来，牛星壮腿肿得像发面馒头，一摁一个坑。队友们心疼地说："你是队长，又快 50 岁了，指挥一下就行了。"牛星壮回答得简短有力："我是队长，更应该带头干！"

经过严密组织、精心施工，T760 井在 5162 米井段顺利穿过 168 米的蠕动性盐膏层，并成功将 2507.2 米复合套管串准确无误地送入盐膏层位置，一举攻克这个世界级技术难题，使 70522 队在新疆威名远扬，更让"钻井神牛"彰显神威。

2005 年以来，牛星壮带领 70522 队在新疆市场共开钻 6 口交井 6 口，三大工程质量合格率 100%，多次受到甲方嘉奖。

干一行，爱一行。30 多年来，牛星壮把自己的青春、智慧和汗水都献给了挚爱的钻井事业，在风霜雪雨的钻井平台上，他用实际行动诠释着爱岗敬业。2014 年，牛星壮正式退休，可他在天津休整一段时间后，觉得“享受”不了这份清闲，还是离不开钻井队，又毅然决然地回到了梦牵魂绕的新疆项目工地……

生产装置的正常运行，是我最牵挂的事。

——孙国强

不凡：孙国强的 26 年倒班生活

倒班，是石油行业最普遍的工作模式。单位需要 24 小时进行不停歇的生产作业，所以工人被分为几个班次轮流更替工作。

这样昼夜不分、没有正常周末和假期的倒班生活，孙国强已经度过了 26 年。

1984 年高考，孙国强落榜了，这让二十来岁的他感觉人生都是灰暗的。为了生活，孙国强在社会上打短工，脏活、累活、苦活通通都干过。漂泊了两年之后，1986 年 9 月，他被招进了大港石化的技工学校，打心底里感觉到了幸福与踏实，他感慨地说，“尝过艰辛，才知道幸福是什么”。

技校毕业之后，孙国强走上了炼油厂操作工的岗位，从此与昼出夜伏的生活告别，开始过起了日复一日、年复一年的倒班生活。

他所在的生产车间，有600余台设备，2000多个操作控制点，8万多个密封点。而用这些装置所生产的汽油、柴油、液化气、丙烯、MTBE等产品，无一不是易燃易爆的代名词，任何一个点上的泄漏，任何一个小小的操作失误，任何一个隐患处理不当，这“任何一个”一旦发生，后果都不堪设想。

作为一名炼油厂倒班工人，生产装置的正常运行，是他26年里每一天最牵挂的事。

孙国强的家离厂区不远，有一次陪妻子散步，他指着远处催化装置的烟囱，告诉妻子：烟囱飘轻烟，就说明装置正常；如果冒浓黑烟，就有问题。

这些年里，孙国强的爱人每次出门或回家，都会习惯性地望一眼烟囱。烟色若是淡淡的白，她就感到轻松而平静；如果烟色呈浓黑，表示丈夫又不能按时倒班回家了。

炼油厂的工作是高危的，这样的高危同样也伴随着重复、乏味与枯燥。夜里凌晨三四点钟往往是倒班工人最难熬的时间段，困得实在不行，孙国强就用凉水洗洗脸，打起精神，继续工作。

每到三伏天，塔上的温度攀升至五六十度，每过一小时，他就要头顶骄阳，对运转设备进行一次巡回检查。50分钟的巡检路，相当于上下爬了百余层的高楼。一次巡检下来，衣衫早已被汗水湿透，一个白班下来，后背上的汗渍就会在他背上画出一个个白色的圆圈。而年末到了三九天，大港便会迎来它特有的北风，刮在脸上，刀割一般真切，外出巡检一圈，再回到操作室，眼睫毛、胡子上都积起层层白霜。

26年的倒班生涯，他从一名普通的炼油操作工人成长为大港石化公司三联合孙国强班班长。这其中的日子大多平凡，也尤为规律，但平凡中依稀能够看得见魅力，看得见伟大。

油井是我的孩子。

——束滨霞

热爱：苇海映滨霞

走进辽河自然保护区，百里苇海中最引人注目的，便是辽河油田欢喜岭采油厂采油作业一区 103 队的“束滨霞采油站”了。小站活跃着一支 13 人组成的青年创业团队，管理着 14 口油井，4 口注水井，目前平均日产油 90 吨，产气 9000 立方米，占作业区产量的 1/4。

小站门前是一条巡井小路，站长束滨霞在这条路上已经走过 30 多个年头，也从一名采油女工成长为中华技能大奖获得者以及全国劳动模范。

1

1983 年 3 月，初中毕业的束滨霞怀着美好憧憬成为欢喜岭采油厂 36 号站的采油工。一次，她在巡井时发现齐 5 – 10 井井口往外冒油，眼看着油井呼呼往外喷油，自己却不知道怎么处理，不禁着急地哭了起来。师傅闻讯过来一看，是盘根坏了。师傅一边教她换盘根一边语重心长地说："光热爱采油不够，还要有过硬的本领。"

"要想成为一名合格的采油工，必须有过硬的本领。"束滨霞对自己提出要求。

刚到井站时，她与许多姐妹一起住在井站宿舍。白天跟着站长和师傅上井时，她把井上出现了什么情况，别人是怎么处理的，都一一记在笔记本上，晚上一有时间就拿出来细心揣摩。打钢丝接头是稀油井清蜡时采油工必须现场操作的技术活儿。为了掌握这一技能，她利用休息时间苦练，手背被钢丝头划出一道道口子，手掌磨出血泡，两臂发酸抬不起来，这些都没令她退缩。工夫不负有心人，在采油厂举行的打钢丝接头比赛中，她代表 36 号站参赛，以 5 分钟打 6 个接头的优异成绩，一举夺得第一名，并刷新了全厂保持 5 年之久的纪录。

从此，束滨霞对技术着了迷。采油厂有位老劳模叫孙寿柏，是有名的"抽修大王"，她拜孙寿柏为师，学习抽油机修理保养知识；曙光采油厂女劳模张春华摸索出了一套油井管理"四步十二字"法，她就利用休班时间骑自行车往返 30 多公里前去井站当面求教。经过一段时间的苦练，她熟练地掌握了量油、调参、碰泵、加皮带等采油工必备技能，并在同年参加工作的学徒工中，第一个提前半年出师了。

就是凭着这股劲头，束滨霞走在了同事们的前边。靠着十几年的孜孜以求，她学习了 30 多本相关理论书籍，写下 20 万字的学习笔记，收集和整理了 5 万组油井对比参数，绘制了 500 多个井站工艺流程图和井身结构图，练就了一身的绝活儿。只要油井出现问题，她通过"望、闻、听、摸"就能发现毛病，迅速解决，被誉为"油井华佗"。

2

束滨霞采油站总共 14 口井，也是她的 14 个孩子。

2000 年年初，束滨霞调任新 33 号站站长。当时，站内有 5 口井含蜡高，4 口井出砂严重，油井断、卡、脱现象频繁发生，检泵周期短，管理维护成本居高不下。对这 9 个“问题孩子”，束滨霞付出了更多的爱。她顶着烈日，逐井看、闻、听、摸，累得满头大汗，但也摸出了这 9 口井的运行规律。

其中一口井由于出砂严重，经常卡泵。束滨霞“把脉”之后，找到了造成油井出砂的主要原因，随即在这口井上实施“四小、两稳、一少加憋碰洗工作法”，使这口井实现了稳产，还延长了检泵周期。她又在其他出砂井上成功运用了这一工作法，使油井检泵周期由平均 40 天左右延长至 200 天以上，其中一口油井还创造了连续 3 年正常生产、不检泵的采油厂最高纪录。通过对这 9 口油井进行动态分析，依据每口井不同特点和产量高低，束滨霞将它们分为 A、B、C 三类：A 类油井重点管、B 类油井动脑管、C 类油井呵护管，并建立了翔实井史资料档案，使 9 个“孩子”都健康成长。

截至 2010 年，束滨霞将先后摸索总结和创新的难以准确数计的油井管理法和挖潜增效合理化建议编写成《油井维护对策 100 例》《油井碰泵“七个一”工作法》《“看、听、闻、摸”油井巡检法》《油井管理分类法》等，并在全厂推广应用，使全站生产时率提高了 11%，自然递减率下降了近 5%，累计增产原油 85 万吨，降本增效 9700 多万元。

年轻时的束滨霞

3

“一花独放不是春，百花齐放春满园。我要让全站员工都成为油井管理能手和技术专家。”这是束滨霞的心愿。于是，她把自己多年积累总结的管理经验和技术绝招，毫无保留地传授给更多的员工。每当有新员工来学习，她总是手把手地讲解操作规程和技术原理。

《油井维护对策 100 例》是束滨霞多年潜心研究、总结的管井经验，她自己掏钱复印送给全站每一位工友。通过制作“小练兵”答题卡，建设起滨霞“练兵室”：每天一题、每天一问、每天一练，每周单项操作对手赛，每月单工种技术擂台赛，每季全站技能演练赛……业余时间，束滨霞带领攻关小组组装了拥有全套油井工艺流程的“流动练兵车”，为工友提高技术水平提供方便。

在東滨霞学习中国石油大学网络教育石油工程大专课程的两年时间里，她立足本站油井实际，总结出采油站管理“五法”，即油井管理分类法、设备维护精细法、安全环保责任法、技能学习互动法、小站文化凝聚法。如今，東滨霞采油站管理“五法”推向集团公司所有采油站，让采油站这个最基本的组织细胞发挥最大潜能。

東滨霞当站长以来，站里走出了高级工 58 人、技师 16 人和技术专家 5 人，全国技术能手赵奇峰就来自这里。还有 20 多人成为站长和队长，成为油田开发建设的中坚力量和技术骨干。2014 年 5 月，国家人力资源和社会保障部确定的首批 50 个“国家技能大师工作室”，“東滨霞技能大师工作室”就是其中之一，这是对東滨霞“传道、授业、解惑”的肯定和赞许。

東滨霞采油站先后荣获中华全国总工会“东北老工业基地振兴杯”劳动竞赛优胜班组奖、中国石油天然气集团公司标杆班站等荣誉。2007 年 5 月，该站成为中宣部、全国总工会唯一面向全国集中宣传的班组典型，2009 年被评为全国“十大优秀班组”、中国石油“企业精神教育基地”。

東滨霞个人也先后荣获全国劳动模范、全国高技能人才楷模、全国三八红旗手、全国十佳巾帼建功标兵、全国五一劳动奖章、中华技能大奖和辽宁省功勋高技能人才等 30 多项荣誉称号。

在采油站的巡井小路上，東滨霞笑容依然那么自信，脚步依然那样坚定。

加油站就是我们的家。

——瞿耿双　杜晓琴

守望：海拔 4300 米上的“加油夫妻”

在青藏高原上的果洛藏族自治州南部，有一座名为达日的小县城。被群山环绕的达日县是果洛州的重要交通枢纽，但气候却十分恶劣，一年只有两个季节，夏季时间仅 3 个月，寒冬却长达 9 个月之久，温度时常低至零下 30 摄氏度。

中国石油青海销售公司的达日加油站坐落于此，是这里重要的石油补给站，也是瞿耿双、杜晓琴夫妻驻守了 13 年的家。

2001 年，瞿耿双、杜晓琴夫妇从老家青海省民和县来到达日县。从民和到达日，相隔 700 公里，海拔落差却高达 2400 多米，民和为温暖湿润的河湟谷底，达日却是海拔 4300 米的雪域高原。

刚来时，夫妻俩的确不适应。达日加油站存在年份已久，基础设施较差，采暖设备比较缺乏。丈夫瞿耿双回忆起当初的日子："那个时候，加油站只有空心砖砌筑的三间单层门窗房子，冬季靠烧牛粪取暖。这里的人也不太欢迎我们。"环境的恶劣远远超乎夫妻俩的想象，刚来高海拔地区的妻子杜晓琴曾好几次晕倒在厕所里，每到夜晚，腿、脚更是在不知不觉中就被冻麻木了。

提起这两口子，大家的评价都是能吃苦、能忍耐。他们的前任张站长介绍，丈夫瞿耿双性格腼腆，心眼儿实诚，而妻子杜晓琴性格活泼，有点儿倔强。当时夫妻俩收入仅为 750 元，但他们一干就是 13 年。

"好在我媳妇办法多，让加油站的状况慢慢好了起来。现在穿着工服走在路上，都会有司机主动送我们一程。"这 13 年来，夫妻俩每天给来来往往的车辆加油，为困在风雪中的司机送油，给周围需要帮助的藏族民众提供支持，逐渐在当地成功立足。这 13 年来，他们回家乡仅 6 次，达日加油站便成了他们的家。

夫妻俩总是想方设法为客户提供便捷实用的服务。每逢夜间，遇到有顾客前来加油，无论谁值班，都会为司机端上一杯热水，提供路况信息、天气预报等，维修工具、医疗救护用品也是应有尽有。

2002 年 10 月 16 日半夜三时，大家刚入睡不久，一位牧民开着一辆拖拉机急匆匆前来加油。当时加油站的供电经常不稳定，司机驾驶的手扶拖拉机无法发动，车上有一个难产的孕妇需要及时赶到州医院，情况很是着急。妻子杜晓琴马上跑到一公里外的商铺区喊人帮忙。不一会儿，她就叫来了 8 个人，卸掉发电机皮带，把准备好的粗麻绳安装到轮子上，大家齐心协力拉动发动机，电终于来了，司机的油也加上了。

瞿耿双夫妇俩不记得帮司机推过多少次熄火的车辆，不记得多少次为夜班车司机送上热腾腾的开水，也数不清有多少次为困在雪灾中的车辆送去过急需的汽油

2005 年 4 月，是达日县乡村公路建设紧锣密鼓进行的时候。这天，从四川来的一个民工要到工地去，可他把行李遗落在了加油站。几天过去了，也没见他折返来取。急性子的杜晓琴终于坐不住了，背起行李，踏着积雪，一路打听、询问，终于在离加油站 12 公里外的一处工地上，找到了那位四川籍民工，将行李亲自送还到了他手中。

2007 年，老站长调离达日，瞿耿双被任命为加油站副站长，这个加油站便真正成了“夫妻加油站”。为尽快掌握加油站管理规范，夫妻二人约定，就算工作再忙再累，每天必须抽一个小时学习加油站管理知识。随着达日地区的经济发展，加油站业务量逐渐增大，员工也增至 4 人。2009 年，青海销售分公司开展加油站经理竞聘机制，杜晓琴通过竞聘被任命为达日加油站经理。从杜晓琴任经理的那天起，夫妻俩的便从未在晚上 12 点前睡过觉。

他们开始琢磨每一个细节，从安全知识、油品知识、规章制度、岗位职责抓起，甚至着装、姿态、笑容，都成为夫妻俩的必修课。慢慢地，在他们的共同努力之下，达日加油站销售额持续攀升，日销售量达平均 15 吨左右。

在员工眼里，杜晓琴不仅仅是经理，还是他们的“服务员”。大家的工作服脏了，她会集中帮忙洗涤；知道有员工患有痛风病，她会特别叮嘱员工注意饮食和休息。有一年，站上分来一名回族小伙子，考虑到他的饮食习惯，加油站特地将小食堂改为清真灶。

在加油站里，妻子杜晓琴主外，丈夫瞿耿双主内。白天上班，妻子与客户交流，瞿耿双站在她身后，默默地注视着；夜晚巡检，他总是陪在妻子身边，即使风雪交加。

达日加油站里里外外被瞿耿双、杜晓琴夫妇打扫得干干净净，让长途奔波的司机能够感受到家的温暖。

一天晚上，一辆柳州五菱车停靠进加油站。车上下来两个人，使劲敲着加油站营业室的门，“老乡，帮帮忙，我们是 50 公里处沙场和砖厂的，我们的一辆车翻了，麻烦给加个油，我们要去报救急。”

高原的冬季夜间温差特别大，看着这两人冻得直发抖，声音都有些颤抖。杜晓琴赶紧让他们进房间取暖，自己便出门为他们加油。不到三分钟油就加好了，就在两人准备发动车离开时，杜晓琴又递上了满满一袋食品和水，说道：“师傅，路上吃，慢点开。”

日复一日，年复一年。他们不记得帮司机助推过多少次熄火的车辆，不记得多少次为夜班车司机送上热腾腾的开水，也数不清有多少次为困在雪灾中的车辆送去过急需的汽油。

而他们自己在这里的“家”，却再简单不过：一间不足 10 平方米的房间，一张床、一个放电视的桌子、一个铁柜。每到逢年过节时，夫妻俩基本都待在岗位上，13 年来，他们回老家民和的次数屈指可数，也从未同时回家探亲，总有一人留下坚守岗位。

他们没到过北京，没到过上海，甚至到西宁都是奢望；他们没有吃过肯德基，没有吃过麦当劳，没有“时尚”的概念；他们不会说“艰苦”“奉献”这样的词，甚至不知道“微信”，但他们一直坚守在高原，在那些需要加油的地方。

平凡但不能平庸。我想当好人民的服务员。

——王萍

真诚：鸭绿江边，宝石花开

她有着极普通的名字，是一个极普通的人，经历也极其普通。

1994年6月，王萍穿上工衣，成为辽宁销售丹东分公司的一名加油员。之前的她，来自丹东的一个农村家庭，父母都是老实巴交的农民；之前的她，也曾在部队医院工作过，毫无任何背景可言。

1

这个极其普通的女孩，刚当上加油员的心情，和大多数人一样，是新鲜且兴奋的，还带着一丝胆怯，她害怕把手里的活搞砸，也害怕会被人瞧不起。

有一天，站里来了辆出租车。司机脸色不怎么好看，王萍不断在内心反复提醒自己：千万别出岔子。但墨菲定律就是这样，王萍心里念叨着，却在意料之中走神了。

“嗨，你想啥呐？”司机对着她一声吼，因为油冒了出来。王萍连忙向司机赔不是，心里连连责备自己：怎么连油都加不好？这可是饭碗啊。

经过这次的“走神”，王萍开始一边摸索一边学习。

学条例、学知识、早到晚走、练习再练习，这些成了王萍的日常工作状态。很多顾客来加油，会要求加满，而车的油箱是多大？富余多少油？怎么样才算得上是加满？

王萍收集资料，反复学习、记忆，为的就是熟悉自己的岗位，解决不懂的问题。逐渐地，她开始熟悉不同车的油箱容量。车一来，眼一瞅，能加多少油，王萍心里就有数了。尽管把油加冒的经历不曾在发生，但每当这个窘迫的镜头在脑海里闪现时，王萍便督促自己不断学习，提高技术。

2

遇到客户钱不够的情况，那就直接帮他垫了。王萍为客户着想，并不是一句空话。刚到加油站的时候，她常常会遇到一些老人带着玻璃瓶来买油，通常都是为了上漆而买的，而实际上用不了多少油。王萍每次都不会收老人们的钱，老人们误以为是加油站搞活动，而后来才知道，是王萍替他们交了钱。

一天晚上，一辆客运车前来加油。因为不是老客户，王萍并不认识这位司机。司机想把油箱加满，可一摸兜，身上少了几百元。若不加满油，路上若是遭遇抛锚，黑灯瞎火，更不知如何是好，司机有些着急。

“没关系，不够的我先给你垫上。”王萍读出了司机的担忧，马上解囊相助。同事提醒她，“又不是老客户，你怎么能垫钱？一垫就是工资的三分之一。欠钱不还的事，以前又不是没发生过。”可王萍仍傻乎乎地帮司机垫上了钱。

之后一连好几天，都没见那位司机来还钱。王萍不说话，只是埋头干活。十多天后，她收到了一张从大连寄来的汇款单。

3

在丹东，有一些残疾人开“摩的”，为了安全起见，他们只能把车停在站外，进来买好油，再到外面加上。王萍见此情况，总是跑过去，帮着买，帮着注。“摩的”司机很是感激，对王萍说，“我这车比不上轿车，但是你啥时候需要，随时给我打电话。”王萍后来跟同事说，“帮助他们，就是怕他们麻烦，我哪好意思蹭他们的车呢。”

王萍接待顾客数百万次，没有发生一次争吵；她经手的现金和油票数额巨大，没有一笔差错；她无数次为同事替班，自己却没有一次因私请假。

王萍走到哪儿，顾客就跟到哪儿。她先后在3个加油站工作过，曾经跟随她加油的20多名出租车客户如今还与她保持着联系。他们遇到困难，就会想到王萍，王萍也把他们当成值得信赖的朋友，她说，“没有客户的支持，就没有我在加油站的成长。”

王萍有一颗感恩的心。这几年，她连续帮扶 6 名贫困家庭的儿童上学。2008 年至今，她还和 11 名残障儿童结下情缘，经常为儿童福利院的孩子送生活用品和儿童食品。被聘为丹东市的“交通安全宣传大使”之后，她亲自走上街头，宣传交通安全。在家里，王萍十分孝敬公婆，她帮老人做家务，陪老人体检看病，还把工资交给婆婆掌管支配，跟婆婆无话不谈。

当选党的十八大代表的喜讯传来，王萍的“铁杆粉丝”出租车司机王师傅第一时间给她打电话表示祝贺。他对朋友说：“王萍朴实、真诚，无论是当站经理，还是分公司副经理，服务顾客的热情劲儿一点没变。她当选代表，是选到我们心坎上了。”

全国劳动模范、北京奥运火炬手、中国石油十大杰出青年、“十大金花”加油站经理……面对这些荣誉、鲜花和掌声，王萍坦然平静，本色依旧。而她现在的岗位是，中国石油辽宁丹东销售分公司副经理兼王萍加油站经理，这个加油站以她的名字命名。

王萍说，自己永远是个加油员。她在市场竞争中历练，扛起重任，在平凡中坚守，用真诚让自己的路走得更远，更辽阔。

有井打，自己才有奔头。有需要，就会有我。

——张潮海

不舍：老张的最后一班岗

2014 年 7 月 30 日，大庆油田钻探工程公司钻井液技术服务项目收到了一面锦旗，上面写着："攻坚啃硬，优质服务。"锦旗是钻井一公司 70168 钻井队送给钻井液技术服务项目张潮海班组的。

锦旗送来的时候，60 岁的项目经理张潮海还在井上，电话里听得出这位花甲老兵有些感慨和激动。而原因并不在于锦旗本身，而是因为他 8 月 9 日就要退休了，这是他带领队伍干的最后一口井。这面锦旗为老张的工作生涯画上了一个圆满的句号。

最后一口井，最后一班岗，张潮海一干就是大半年。

2014 年 1 月，由于汪深 1—平 3 井钻遇的深部硬脆性火山岩地层长时

间偏磨钻头，造成牙轮掉井，现场反复打捞多次都没有效果，在打捞期间又发生了多次井漏等复杂情况，这对接下来施工的三开钻井液技术提出了更高要求。

张潮海临危受命，立即奔赴现场，凭借多年的现场经验，他攻克了一个又一个技术难题，解决了现场两次掉牙轮、4次井漏的突发状况，为该井顺利完成提供了有力的技术支撑。

由于要消除残存牙轮对后续作业的影响，在固技套时留了比较大的口袋，结果导致技套底角过大，钻井液返砂十分困难。张潮海分析之后，判断此时若还按照正常设计的钻井液黏度，并不能满足携砂要求。于是，他多次与甲方沟通，申请提高现场钻井液黏度，加大排量，以满足现场生产需要。采取新措施后，钻速及返砂情况明显好转，困扰井上最大的难题便很快得以解。

井上连续出现的各种复杂情况，让张潮海放不下心，在井上一住就是两个月，他放弃休假，坚持驻井，给出的理由也格外简单：“这是我的最后一班岗，得站好。”

三月是开春的季节，但大庆却依旧寒冷。有一次半夜发生井漏，张潮海立即组织队伍，进行堵漏施工，这一干就是四五个小时。帽子、眉毛、胡碴上都结满了厚厚的白霜，手也冻得厉害，只能干一会儿停下来搓一搓，再接着干。钻井队的技术负责人对年近六旬的张潮海十分佩服，他说：“有老张在，我们就放心。”

后来，这口井顺利完钻，完钻井深4616米，水平段长1427米，创造了大庆深层天然气水平井新的钻井纪录。

一辈子和钻井打交道的老张，负责过许多重点深井、开发井、水平井、特殊工艺井的钻井液技术任务，累计起来超过300多口。而仅2013至2014年，他就负责完成了11口井的技术服务任务，每口井都实现了优质、高效。

临近退休，张潮海很是不舍。“干了这么多年，有感情了，感觉有井打，自己才有奔头。”如果油田有需要，他愿意带带新人，继续把井打下去。

第四章

青春：并非踽踽独行的告白

年轻的灵魂正在上路，不在乎苦累，无所谓得失。即使屡屡受挫也不放弃追求，就算处处碰壁也不甘心沉默。是星光下的踽踽独行，更是旷野上的豪迈征途。

做一颗小小的闪亮的星

2011 年 11 月 27 日，川渝大地的下川东地区 50 年来第一次收获单机单队上万米的硕果，掌声响起、礼花遍地，每个人的脸上都洋溢着幸福和快乐，“咔擦”一声，相机定格瞬间。她没有出现在照片里，她在忙前忙后地画线、吹气球，于是粉笔画在钻杆上的“一万米”就成了她在现场的唯一“证据”。

25 岁到 29 岁，五年，一个女孩的最好时光。涂上鲜亮的指甲油，周末约上闺密逛街吃饭看电影，在下午茶的时间低头玩手机？不是。她在对讲机的三频道，她的睡衣外穿着工衣，她半夜随时准备着被叫醒。

她是别人口中的“女汉子”，她是钻井队副队长，她是文苏苏。

“可能因为我知道得太多了”

“不要学太多，学个大概就行，隔两年就调回去了。”这是 2009 年 7

月文苏苏刚来川庆钻探公司 70595 队时，队上员工对她说的话。“嗯，我也是这么认为的”，她点点头，信得十分笃定。“为什么还没调回去啊？”两年以后，队上的人问她。“可能因为我知道得太多了”，她傻兮兮地笑着。

大学四年，文苏苏学的电气工程及自动化，毕业后去西南石油大学学了两年石油工程。比起同期参加工作直接是石油工程专业的同事来说，算是半路出家，再加上井队是不太“欢迎”女生的，“还是换个男生来”的话不经意吹进了文苏苏耳朵里。

实习那段时间，除了睡觉、上厕所之外，她都捧着个小本子围着师傅转，现场的每个人都成了她的老师，每个人都回答了她一箩筐问题。刚开始，分不清接头扣型，就拿油漆把扣型写在接头上，每天在井场里走来走去的时候，就去看几眼，记下来。遇上突发状况，她也一直守在钻台上，看队长和专家们怎么处理，记下来、消化下去。一年的实习技术员生活很快过去，她快速熟悉了现场生产的流程和工艺，明白了作为一个钻井技术员，应该做什么，怎样能做好，离最初的“学个大概”越来越远，已经“知道得太多了”。

2012 年 5 月，作为正式的钻井技术员，文苏苏调入了 50502 队，接手相储 22 井的试油工作，她开始真正意义上的独立组织生产和施工，这也是她飞速成长的开始。8 月，谁也没有想到，一个女孩在钻井队的第三年会如此肩负重任——她成为川庆钻探目前唯一一个女副队长兼钻井技术负责人。这个职务在钻井队有多么重要！这以后的近一年时间里，她总计离队 32 天，还包括 8 天学习和 6 天出差。在这里，她成功完成了龙岗 83 井的钻井试油，无因工具准备问题造成的等停、无措施和操作问题造成的事故，在各级领导的检查和调研中，均获好评。

“洗洗睡了”

“吃饭睡觉打豆豆”是坊间流传的生活方式表述，在井队好像就是如此。不是指向安逸，而是指向单一。工作以外的时间，他们没有更多的方式去排遣。

才去井队时，文苏苏感觉是在旅游，青山绿水，空气清新，可慢慢地就感到了井队生活的枯燥和孤寂。山里面打个电话要“跋山涉水”找信号强点的地方，一回寝室连个说话的人都没有。这些时候，她就觉得特别想家，也更愿意让自己投入在工作中。久而久之，回家也变得话少了，沉默了些、成熟了些，能自己面对很多孤独的时刻。

但最让女人无法接受的可能还是同样的衣服穿好几个月。红工衣和工皮鞋是钻井人的标配。才到钻井队的前两个月，她还会在寝室里自己臭美，穿给镜子看。可好几次，当一换上便装，她就在窗子前看见师傅往井场走，便开始手忙脚乱地换工衣。等她一出门，师傅早已走得没影了。于是，那些漂亮裙子都压了箱底，后来干脆不带自己的衣服来井队了，习惯在寝室休息时也穿着工衣，随时随地准备冲向井场。她的生活更多地进入了“洗洗睡了”的节奏里。

2012 年 5 月，由于甲方工具原因，正在施工的国家重点工程相诸 22 井出现井下封隔器不能正常打开的故障，事故处理了两个月。两个月里，每天都是各种磨铣、套铣、解卡、打捞等复杂工艺，她几乎全天泡在钻台上，平均每天只能睡 4 个小时。她的努力为重点工程顺利施工搬掉了最大的一只“拦路虎”，有人称她“‘三高’气田上的花木兰”。

“我不粗鲁吧？”

“是诗情画意的名字，但不是诗情画意的女子。”其他钻井队的人这样评价过文苏苏。井队是男人的天下，一个女孩在这里，很容易被模糊性别。文苏苏少有火气冲天的时候，但强势和霸气就像工鞋工衣一样，是钻井队干部必须具备的特质。女副队长怎样做一个好的“井队牧郎人”？她说：“做好本分，可以商量，但是没有可不可以。”

“可不可以”可能是工人在她安排工作时要求的“抽完这根烟再去”，而时间却不允许；也可能是外来工作人员的违章违规。一名吊车司机在相储 22 井进行吊装作业时，因吊装环境发生重大变化，井队已完成交接班，他却仍想继续用前次开具的作业许可证进行作业，文苏苏当即予以制止。一开始，司机不以为然，文苏苏耐心与他进行了安全沟通交流，使这名司机意识到作业许可的重要性，而后愉快地办理了新的作业许可证。后来，当司机得知这个看似文弱的女孩竟是井队的副队长兼技术负责人时，向队上的员工伸出了大拇指："你们这个副队长，厉害……"

在井队，没有"女汉子"的气质，大概是干不下来的。对于这样的标签，文苏苏有些试探性地回答："我不粗鲁吧？"

她看电视的时候爱哭，害怕恐怖片，喜欢在大家的工衣上画青蛙，爱吃各种零食，会把玫瑰花瓣泡在水里喝，逗猫，对吃、星座和化妆品都很有研究，厨艺也颇有造诣，还每天给宿舍脚踏板上长出的小南瓜浇水。指导员李卫东说："她和所有女孩一样，甚至更感性更细腻。"

女生在钻井队有自己天生的弱势。在工具提篮房找工具，她得叫当班同事陪她一起找。因为那些工具接头都是整齐摆放在工具房里，只能看得见公扣，还得搬出来检查母扣和工具本体，她根本连挪一下的力气都没有。每当这时，她都觉得很惭愧。

于是，她每天坚持 100 个仰卧起坐，锻炼身体，希望自己能变得更强壮一些，有时候跟男人们比肌肉，说自己也有强健的肱二头肌。工作中也更加细心，因为这能给队上的工作带来很多益处。在相储 22 井，固了一次井后换装井口。以往，大家都是直接换上去，她却细心地发现鹅颈法兰不合尺寸，省下 20 多小时的换装工作量。这样的发现不在少数，队上的员工也因此少做很多返工活。

"男女授受不亲？"

举目一望，身边都是男士，这就是文苏苏眼里的钻井队。

队上没有单独的女澡堂，要洗澡，得等其他同事洗完了才能去。有时候好不容易看见澡堂没人了，刚拿了洗漱的东西走到澡堂，又发现有人在；有时候在澡堂外等啊等啊，好不容易水声停了，又有新的同事去洗，她只能眼巴巴地望着。洗澡，是女生在钻井队诸多不方便之一。

有一次，队上防喷管线滑坡，泥巴翻了出来流得到处都是。她和两个工人去看情况，陷进泥里。使劲一拔，脚出来了，两只鞋还在里面。她大叫“救我！”同行的工人还是单身，不好意思，说：“男女授受不亲。”不过最后还是像拔萝卜似的把她拔了出来。

虽然性别有异，但文苏苏觉得，一天24小时都在一起的同事，与其说“不亲”不如说“更亲”。她和井队的男人们聊微信段子、聊国家大事，天南海北，不提香水、化妆品和男人不懂的世界。“文苏苏是个很好的朋友。”在队上待了十多年的司钻这样说她。

龙岗83井，队上在进行正常起下钻，雨下得很大，不能停钻。看着大家浑身湿透，她到食堂，拿出自己的红糖熬姜汤，让每个班都喝到了热腾腾的姜汤。副司钻一边打趣说“女娃才喝红糖”，一边大口地一饮而尽。男人不轻易表示感激和感动，他们说：“有些事情不能说出来，我们心里都明白。”他们明白，因为文苏苏是女人，她才是“受大家关照的人”，因为是女人，才更是懂得“关心大家的人”。在钻井队，男女“授受很亲”。

“也当师傅了”

2012年，一个名叫任茜的女孩分到了文苏苏队上，她第一次在井队有了女伴。任茜的第一个师傅不久就调队了，于是队长将她交给了文苏苏，文苏苏开始当上师傅。

任茜刚到队上，很不适应钻井队的生活，工作上一片茫然，生活上极不习惯，接到妈妈的电话时，忍不住一下子哭了出来，刚好被文苏苏看到。几天后的晚上，队上守井，大家都比较闲，文苏苏就叫上任茜去钻井队附近老乡开的小卖部喝水聊天，又给她讲自己那时候到钻井队的故事。

为了让任茜更全面了解技术员的工作，即使休假时，文苏苏也会每天远程指导。每天晚上都会问徒弟一个关于钻井的问题，让她白天去看书去实践去思考，晚上告诉她答案。答得不全面或者不对的，她就会在QQ上给徒弟总结、解惑。

任茜在实习结束后的答辩里得了优秀奖。谈起徒弟时，文苏苏很骄傲。

“最美的年华献给你”

五年的时光，文苏苏的衣服少了，因为买了也没时间穿；化妆品少了，因为化了也很快会弄脏；护肤品多了，因为一年比一年黑；右小臂长结实了，因为每天都要提几大桶水；甘油三酯有些偏高，因为干活的人吃肉才有力气。

文苏苏的闺密刘婷婷说，以前她是“高瘦白”，自己在她面前是“矮穷挫”。而现在刘婷婷已经挺着大肚子了，她却“高瘦黑”。像她这个年纪还单身的姑娘有的在相亲、有的在相亲的路上，而她却老是错过家人朋友约好的相亲时间，还未上路。朋友相聚时的话题她总是插不上嘴，因为她一开口，便是“这口井怎么样，下口井会在哪里”。

石油人大多是献了青春献终身，献了终身献子孙的。“油三代”文苏苏就是被献出子孙的这一帮，并且正在奉献着自己的青春。作为家里的第三代石油人，爷爷和爸爸平日里对钻井队生活的描述，字里行间眉飞色舞的荣耀感，每次看到宝石花的那种归属感，或多或少地影响了她。临上井队的头一晚，爸爸还拍着她的肩膀说：“井队不错，我在那里干了大半辈子，好好干。”

她听爸爸的话，认真地对待每一天的生活。“会常说我们这口井多少天就打完了之类的，很有成就感。”刘婷婷说，文苏苏享受着这份工作。五年时间，先后参与完成6口中国石油集团重点探井、深井和超深井的钻探，和她的队友一起，创下了多项钻井纪录。

田索南才让、薛才让卓玛和他们的加油站

2010 年，25 岁的田索南才让和 22 岁的薛才让卓玛，来海拔 4200 米的温泉加油站，开始踏上以雪域高原加油站为家的人生，成为青海销售公司最年轻的加油站夫妻。

夫妻俩来自从低海拔的“瓜果之乡”民和，正常人都难以适应这样的环境。温泉加油站所在地高寒缺氧，气候恶劣，全年平均气温零下 3 摄氏度，冬季最低气温零下 28 摄氏度，几乎没有夏季，自然的风沙肆虐，再加上川流不息的车辆带起的片片尘埃，仿佛就像一座“土城”。但这对 20 出头的夫妻，却意外地坚持了下来，告别繁华喧嚣的城镇，在最美好的青春岁月里，他们为过往的司机加油、服务。

2014 年 3 月，一场大雪从清晨一直下到晚上 7 点多，封住了鄂拉山道路，所有的车辆无法行驶，交通陷入瘫痪。在前不着店后不着村的鄂拉山上，放眼四望，白茫茫一片，连方向都无法辨认，充饥的东西更是没有。

给温泉加油站配送油品的车辆也被堵在鄂拉山上，油罐车司机只好打电话向温泉加油站的田索南才让求助。田索南才让接到电话后，马上借来

摩托车，拎上开水、锅盔、方便面等干粮出了门。寒风呼啦啦地吹过，夹杂着雪花打在脸上，他就这样，在漫天风雪里艰难地向鄂拉山方向驶去。

到了鄂拉山上，田索南才让才发现，不仅是油品配送车，还有好多去往玉树的老客户都在挨饿，他送过去的水和食物还远远不够。他又骑上摩托，匆匆返回加油站。当堵在山上的人们看到田索南才让为他们带来了热水瓶、方便面时，每个人心中都备感温暖。

作为一名藏族员工，田索南才让、薛才让卓玛还利用自身精通藏汉双语的优势，热情真挚地对待每一位客户，拉近汉族、藏族同胞的心。

2013年10月的一个晚上，凌晨两点多，田索南才让刚卸完油，准备休息。经过厕所时，听到有人向他求助。原来一位司机因为高原反应致使失去意识，昏迷不醒，这位司机是第一次来温泉，与同事喝完酒以后，就变成这样了，在场的人束手无策，只好向日索南才让求助。

看到这种情况，田索南才让马上叫来妻子与他一起将昏迷的病人抬到自己宿舍。而这时，情况有些危机，昏迷的司机已经浑身冰冷。他们一边用热水擦拭司机的身体，一边拿出公司配发的制氧机，让司机不断吸氧。

这样的抢救一直持续到清晨6点，司机才慢慢苏醒，恢复知觉。自此之后，这位昏迷的司机每次来到加油站，都会带一些礼物表达对他们夫妻的感谢之情，但田索南才让每次都婉言谢绝。

和大多数加油站夫妻一样，年轻的田索南才让、薛才让卓玛在温泉加油站工作4年以来，回老家民和的次数少得可怜。而在这些零星的回家机会中，他俩一起探亲也只是在刚参加工作的那一年。他们最牵挂的无疑是千里之外的孩子和父母，但选择了这样的青春，他们也只能多看看照片，抽空打个电话，以此寄托对家人的想念之情。

年轻而勇敢田索南才让、薛才让卓玛，在高原上的温泉加油站过着别样的青春。

夜半唱国歌，只为怒放的生命

在厄瓜多尔茂密无边的热带雨林，世界上流域面积最广的亚马孙河静静蜿蜒流淌，滋养着这一片神秘的生命王国。夜色收紧的丛林深处，一团光亮像是炯炯有神的眼睛，这块空地是川庆钻探厄瓜多尔分公司在前线设立的LAGO营地。营地的餐厅，欢声笑语，围合的人群在齐齐调侃一个胡子拉碴、头发略长、戴着眼镜透着斯文气的小伙子："张斌，回家前也不拾掇拾掇，媳妇儿见了不让进家门吧。孩子认不出来，不叫爸爸，叫野人！"大伙儿一阵哄笑，举杯相碰，又是一片笑声。这是厄瓜多尔LAGO营地的送别宴。在食堂用饮料当酒为每位回国倒休的人送行，是厄瓜多尔分公司的惯例。这位被大伙儿调侃的小伙子张斌，29岁。七年间，张斌飞越崇山峻岭、茫茫大海，往返于东西半球。

夜半歌声

到达厄瓜多尔，换乘、候机全程需要 30 多个小时。张斌说，以前家里条件不好，来学校都是坐 30 多个小时的火车，对坐飞机充满了美好的期盼。没想到第一次坐飞机的经历是那样难受，“坐得心发慌，恨不得在飞机窗户上掏个洞”。

在首都基多住在办事处．一觉醒来，拉开窗帘，赤道慷慨的阳光穿透玻璃倾泻而来，异国的景致让张斌兴奋、憧憬又有些不安。来到 CCDC-37 钻井队的第二天，现场一个胖胖的美国监督 TRACY 把张斌叫去，让张斌给他当专职翻译。听张斌英语还不大流利，有些磕磕巴巴，TRACY 把当时的平台经理喻向阳叫来，严厉地说：“我给他一个月的时间，如果他的英语和西班牙语达不到我的要求，你们就换人！”

性格好强的张斌，哪里受得了这样的轻视。他感到羞愤难当，暗暗下定决心：不仅要让语言突飞猛进，还要对设备了如指掌。从此，张斌没日没夜地学习，整天都在中文、西班牙语、英语中打转。“上厕所都小跑，回营房喝水都觉得是浪费时间，是罪过。”他陪着电气工程师窝在 VFD 房里废寝忘食地找问题，跟着司机长在嘈杂的机房里熬通宵修理柴油机……

有一次顶驱旋转头漏油，遇上厄瓜多尔的雨季，倾盆大雨浇得人喘不过气，张斌一直守在钻台，盯完维修、调试的全过程，两夜未眠。同事们都说这小子疯了。有人劝他：“TRACY 就那德性，他又不是中方领导，理他干啥？”张斌只是笑笑。

张斌的勤奋和进步，让TRACY 刮目相看。如今，经过多年的磨合了解，两个来自不同国度的人成了好朋友。

巨大的压力和单调的生活，张斌默默承受着从学生到石油工人的转型。连续上了 4 个多月夜班，和家人失去联络。疲惫、紧张、孤独、压抑填满了张斌的心胸。在一个寻常的半夜，张斌冲上钻台，使出全身的力量，用几近癫狂的姿态，从身体里吼出——“起来！不愿做奴隶的人们，把我们的血肉，筑成我们新的长城……”那一刻，张斌迸发出了心中全部的热情和力量。歌声，淹没在轰隆隆的钻机声中，张斌的身躯，也融化在亚马孙的丛林里。那一刻，对祖国的热爱激荡起巨大的力量，化为张斌走向未来的无穷无尽的力量。

懵懂青年

2007年厄瓜多尔分公司的生产经营分析会上，在总结分公司日费钻井得失时，只是助理钻井工程师的张斌站起来毫不畏怯地说：“西方公司在设备保养方面，每队都有备用的柴油发动机，我觉得这点他们有优势！我们能不能在设备上加大投入？”这番话引起震动不小，因为这正是分公司相比国际知名公司的软肋。一时间，参会的人都侧身看说话的人是谁。

现任分公司经理的张岳荣谈起对张斌的印象：“小伙子最初有不理解公司体制的地方，有时在会上说话方式非常直接，让领导难受。现在不断进步、成熟，走上了管理岗位，能站在更全面的角度看待公司发展问题，从内心深处理解了公司的做法，从被动执行者变成了主动执行者。”

分公司领导非但没有生这个“愣头青”的气，反而记住了他。2007 年 7 月，张斌结束实习期，渐显锋芒的他被原长庆石油勘探局国际事业部授予“优秀实习生”称号。2008 年，分公司做出一项大胆的举动，张斌、李慧成、陈灿等一批表现优异的“80 后”被提拔为钻井队平台副经理。

平台副经理

2008 年，原长庆石油勘探局与原四川石油管理局重组合并成立了川庆钻探工程公司，不仅是换了“CCDC”的名称，更迎来了厄瓜多尔项目发展的春天。

张斌担任 CCDC-38 队平台副经理，该队没有平台经理，他上任就要全面负责生产组织。这时的张斌，语言的天分已被大家认可。连当地人都要佩服他西班牙语的地道，和美国、英国等西方公司对手谈判交流时，他的英语也流利自如。

可张斌毕竟只有 25 岁，在很多人眼里，张斌还是个娃娃，单独带队，让人服气比较难。一天，张斌在钻台巡检时，总觉得绞车 B 电机声响有些不对劲。他找来电气工程师。电气工程师过来看了看，不屑地对张斌说：“你过分紧张了吧。”张斌要求他再仔细检查检查。这时，比张斌年龄大一轮的电气工程师认为张斌的要求是不信任他技术的表现，他提高嗓门：“绞车又没冒烟，能有什么问题？！”说完冲其他人挤挤眼睛，大伙儿都哈哈大笑。

原来，电气工程师是讥笑在他看来张斌曾闹的一个笑话。张斌刚来时，一次起钻司钻忘记把刹车完全松开，导致绞车刹车片被磨得冒了烟。张斌以为出了严重事故，让全队人员跑上钻台进入应急状态。那时的张斌对设备不够熟悉，还不是很明白设备故障的原因及相应的后果。

张斌没有生气，他心平气和地提出自己的疑问，电气工程师发现张斌对电气设备不再是一知半解，再次检查，果然发现故障初露端倪，于是他尴尬地向张斌道歉。张斌诚恳地回答道："我还有很多不懂的地方要向你请教呢。我经验少，怕兄长们打下的江山在我手里毁了，所以更警觉。如果电机故障停工，一小时就要损失一千多美元啊！"一席话说得电气工程师更加羞愧。

这件事情之后，张斌在全队的威信大大提高，都觉得这个年轻的平台经理不可小觑。

平台经理

2011年，厄瓜多尔分公司实施"转型升级，做大市场规模"的发展战略，由传统钻修井日费项目向总包服务项目转变。5月，分公司签订下Rio Napo钻井一体化服务项目，这是一个向高端市场迈进、做大市场份额的难得契机。几经挑选，领导决定让张斌带领CCDC-38队上。

总包井没有了甲方的生产指令，需要围绕质量、工期、成本统筹协调，安全是最大的压力。一天巡井时，张斌发现粗心的井架工Carlos Vera将工具遗留在了井架上。虽然工具有尾绳拴绑，但一旦高空坠下，后果不堪设想。在同事眼中，温和、幽默的张斌怒不可遏，冲到Carlos Vera面前，对他大声斥责，竟把Carlos Vera骂哭了。

事后张斌也久久不能平静。面对高耸的井架、冰冷的钢铁，除了培训、说教，怎样才能将温情、轻松和安全结合呢？他想到收集员工亲人的照片，粘贴在食堂、营房等生活区域。果然，员工看到家人的照片，不仅感受到温馨、亲切，自然意识到安全寄托着家人的期盼和祝愿。他还给员工发放安全漫画，播放安全动画。开展安全案例分析时，他把外籍员工叫上来表演情景模拟短剧，幽默诙谐的方式立即受到外籍员工的热烈欢迎。

2012 年 2 月 5 日，Carlos Vera 因工作需要调往新的井队，他又一次流下了眼泪。这一次，是不舍和感激的泪水："我会一直在分公司工作下去的。如果有一天分公司不要我了，我再去找别的工作。"他特别提到张斌，"感谢平台经理 Pablo（张斌的西班牙语名）对我的帮助，我终身受益。"

总包项目，第二大压力是成本。在厄瓜多尔，需要协调测、录、固、泥浆等来自不同国家的第三方公司。必须算好成本账，稍有不慎，不挣反赔。第一口井启动前期，材料成本一直居高不下。张斌急了，每天都查验库存，查看发料单，对材料计划仔细审核。7 月的厄瓜多尔气温较高，橡胶件容易老化。他给一间材料房装上空调，和队友将橡胶件、个别顶驱往空调材料房里搬。队友都开玩笑说："张斌，你比保姆还心细。"

张斌还被认为善于和老外打交道。和甲方、第三方公司合作，张斌表现出极强的协调能力，但涉及原则和公司利益问题，他毫不退让。队友曹晓记得，有次装封井器，进行试压作业时多次不成功，耽误了时间，最后发现是甲方提供的试压堵塞器密封存在问题。张斌据理力争，为了一小时的日费争议，和来自贝克休斯的监督理论了两三个小时，直到傲慢的监督同意补偿日费损失。

一年下来，CCDC-28 队综合服务业绩优于哈里伯顿、PDVSA 等同类工程承包公司，排名第一。因良好的服务业绩和项目运作水平，2012 年 5 月 10 日，甲方再次签订一年工作量的延续合同。

本土化项目经理

早在 2008 年，分公司所有修井队实现全员本土化。本土化成为跨国企业境外经营竞争越来越重要的战略和发展方向。2009 年，分公司开始将本土化进程向钻井队延伸推进。

钻井队本土化比起修井队更复杂，风险也更大得多。中方人员退到幕后，外籍员工“当家做主”行不行？最初，不少中方员工都有这样的顾虑和疑问。

2012年，张斌被任命为本土化项目经理。要带出一支外籍员工的管理队伍不是容易的事情，教管理比教技术还难。张斌2009年起就开始对多家国际知名石油企业，围绕其本土化管理中现场的人员配置、管理程序、后勤保障体系等做了大量调查研究。他深深体会到建立一套清晰的作业流程和考核体系是“本土化”的基石。

张斌说：“比如拧开瓶盖这个简单的动作，老外也要看下操作规则——‘第一步，拧开瓶盖’，才做动作，似乎特傻。但有清晰的岗位职责和规范的工作流程，严格按规程操作，避免了因人员素质差异和操作者的随意性造成工作质量的区别。”

悟到这一点，张斌埋头学习国际先进管理理念，反复修订、编制本土化管理体制，和项目组同事一道完成70多个作业程序的编制。2012年9月，张斌通过了美国项目管理协会的PMP认证。之后，张斌加班熬夜将这些作业程序翻译成西班牙语，拿捏准词语的分寸，翻译出了明白易懂的作业程序，为本土化的推行确立了制度保障。

2012年，CCDC-39、CCDC-28、CCDC-36三个钻井队相继推行本土化。作为项目经理，张斌要管三个队。运行初期，经常大半夜接到电话，需要起床联系各个部门协调解决。一周至少有四天，张斌奔波巡检在各个井队。经过不懈的努力，两个月试运行下来，三个本土化钻井队有效日费率为100%，高于未实施前的同期水平。事实还证明，本土化管理模式运行后，队伍执行力大大提升，与甲方、第三方之间的协调工作也更加顺畅，员工成本意识也大大增强。

如今的厄瓜多尔分公司，拥有8部钻机4部修井机，实现本土化率90.2%，在中国石油名列前茅。“CCDC”在厄瓜多尔树立起了响亮的市场品牌，跻身厄国高端市场，2012年，130名中方员工创下分公司营业收入过亿美元的辉煌业绩。

张斌，正是其中之一。

映日荷花别样红

人们说，找张本荷，不用打听，那个脚不停歇来回跑动、笑得最灿烂最开心的女孩就是了。

可其实，过去的张本荷，笑容很少，她语声如蚊，性格腼腆。读书的时候成绩很好，但由于家庭缘故，她在17岁的时候便辍学去到省城昆明务工。在小餐馆当小工，每天劳作16个小时，一个月才拿到200块，连弟弟的学费都不够。现实、压力，让这个身高154厘米、体重才80斤的姑娘过早地体会了艰难。

2003年，经人介绍，张本荷来到中国石油加油站，成为一名普通的加油员。上班第一天，她手足无措，生性腼腆的她在陌生人面前更不好意思开口，声音小得似蚊子，司机一开玩笑，她脸就红。可不和人打交道，怎么样当加油员呢？生性要强的她决心从头开始，苦练基本功。“师傅您好，欢迎光临”，在梦里她都能被自己吵醒。终于，“蚊子”变成“百灵鸟”，她的迎声送语成了加油站里最响亮的声音。

光是声音大还是不行。她又开始练习每一个动作，从迎送顾客到收付，从取枪加油到收枪复位，她对着镜子练、对着同事练，练了手势又练步伐。

练了动作之后，张本荷又把老客户的车辆型号、司机和油票单位等特征默记于心。业务熟悉了，本荷的微笑也更加自信了。

2006 年 8 月的一天，一辆小轿车由于油本封面损坏，编号模糊，当班加油员拒绝给这辆车加油。刚刚交班的张本荷走过来："这位师傅是昆明焦化厂的，油本编号是 017 号，放心给他加油吧。" 司机十分惊奇："你怎么知道我的油本编号？"本荷微笑着说："我给您加过油。"就这样，担任加油员期间，她以细致周到的服务、真诚的微笑、清脆的声音，被顾客们亲切地称作"小百灵"。

人人都说，到加油站不用介绍，马上就能看出谁是张本荷——那个不停来回跑动、笑容最暖人、许多司机都认识的女孩一定是她。

即便在受到委屈的时候，张本荷也在微笑。

有一天遇到加油高峰期，一位顾客由于先到而未先加上油，生气了，还故意分五次加了 50 元钱的油。张本荷却始终面带微笑，连续 5 次，开油箱、提枪加油、收枪复位、开单交款，一路小跑往返于收银室和工作现场，尽管心里充满委屈，始终微笑着一次次将收款小票递交到顾客手上，一次次礼貌地说："师傅慢走，欢迎下次光临。"

就这样，微笑成为了张本荷的"招牌"。一位司机大哥说："这个个子小小的姑娘，笑得真甜，让人一见就觉得亲切。"

张本荷把自己的工作体会，总结为四句话：多说一句，给顾客温馨提示；多看一眼，把顾客记在心中；多帮一把，给顾客送去温暖；多跑一步，拉近与顾客距离。

这种精细化、人性化和亲情化的"张本荷式服务法"推广后，加油站服务水平显著提高，机构客户逐步增多，油品销量大幅增长。仅2006年1月到11月，本荷所在的曙光站成品油销量同比就增加110.4%，日均销量增加10吨。

进入中国石油7年来，张本荷在加油岛共跑动1万多公里，提枪、挂枪40多万次，服务车次超36万，加油总量达到5700多吨——相当于每年把一列火车的油加到汽车油箱里。

2010年5月25日，中国石油集团将张本荷工作的加油站命名为“张本荷加油站”。从山里的孩子，到餐馆服务员，到中国石油云南销售公司昆明分公司经理助理、首席培训师兼张本荷加油站经理，这是微笑的力量，也是张本荷用心工作最好的证明。

她用心工作的同时，更是如饥似渴地学习新知识、接受新观念。在本荷的书桌上，摆放着不少书本，涉及油品市场、营销管理、安全环保和精细化管理等多个方面。她说，不学习就会退步，也就管不好加油站。

如果说过去“小荷才露尖尖角”，那么而今，已是“映日荷花别样红”。

“90 后”站长的漂亮三级跳

“小时候很喜欢‘跳房子’的游戏，单步、双步，一步步到达目的地；而现在，我觉得工作像‘撑竿跳’，一次次提高标准，然后全力以赴跳过去。”输气处成都输气作业区“90 后”班组长魏倩，对参加工作 3 年来的成长，有种说不出的感激。

在西南油气田公司“红旗班组”城厢输气站当站长，在这个曾获得四川省工人先锋号、基层建设红旗班组等无数荣誉的“沃土”中，魏倩不断汲取养分、克服短板、磨炼意志、展示才能，最终完成了漂亮的“三级跳”。

技术比赛初露头角

2011 年 9 月，魏倩从石油学校毕业后被分配到成都作业区玉成输气站，当初的玉成站站长黄泰鸿对这个“90 后”小妹赞不绝口：“这姑娘很懂事，工作学习都挺主动的，生活上自理能力也很强，经常帮师傅买菜做饭。”很多年轻人都有刚参加工作的不适应，对于这个，魏倩总是一笑带过：“在家虽然是独生子女，但大家庭中我是长姐，弟弟很多，免不了要去照顾，生活上的事自然会得多些……”因为懂事，魏倩总比同龄人多几分成熟，对输气站生活的快速适应，让她比别人更早开始静下心来学习。

2012 年 5 月，输气管理处技术比赛如期而至，在玉成、煎茶、东山等大站锻炼过的魏倩成为作业区参赛选手之一，在近两个月的准备和参赛中，熬夜背题、频繁操作、与其他选手讨论争辩，浓厚的学习氛围让她成长迅速，虽然最终因为是初级工的身份没能进入决赛，但第一次参加比赛便获得输气处第 10 名的成绩也着实令人欣慰。“参加技术比赛的经历为我打开了一扇窗，思维不再局限于本站、本作业区的工作，而是扩宽到更多方面，技术上可以学习的原来还有那么多……” 魏倩这样说。

搭好一个平台，然后抓住机会展示。魏倩用实际行动得到大家认可，被快速提拔为作业区最年轻的站长。

小站“跃升”为大站

起初的没经验让魏倩心里打起了退堂鼓，但使命感、责任感却督促着她从二三类站场来到了一类新建站——连山输气站。

设备防腐的监督、设备档案的建立、埋地管线的标识、班组管理的制定、与一帮同龄站员的磨合等，一时间压得这个“90 后”姑娘喘不过气来。“毕竟只有一年的工作经历，技术不够硬、跟施工方打交道不够老道，因此遇到了很多问题。”然而困难也是考验，在魏倩及其站员们的共同努力下，输气站逐步走上了正轨。

“最头疼的还是管理方法，我们班组很年轻，平均年龄才 25 岁，怎样与人相处、把大家的积极性调动起来？怎样把班组拧成一股绳？构建和谐班组，真的不是口头上说的那么简单……”班组里好几个“90 后”，大家学习能力强、有活力、执行力强，但自我约束力弱，爱玩爱闹，工作上不够细致，其他站的管理方法到这来反而不适用。为了制定出切实可行的方法，魏倩多次到城厢站“取经”，四处向其他站场师傅请教，在前辈、片长的帮助下，历经两个月的磨炼，年轻的班组成员各自有了自己的定位，资料员、设备管理员、日常工作监督员，责任划分明确后，工作有条不紊地开展起来。

银牌站“走马”金牌站

“在连山站的大半年里收获很多，对一个站场的完善到底需要开展哪些方面工作都有了一个全方位的认识，这对以后到其他站当站长有很大帮助。”大半年后，因为工作需要，魏倩从连山站又交流到了玉成站，迎来了输气处第二届暨第三届“十佳、优秀班组长”竞赛。在这次比赛中，作为输气处最年轻班组长，魏倩从众多项目中脱颖而出，最终获得“优秀班组长”荣誉称号。

“小魏不错，去城厢站继续锻炼！”作业区领导重视青年员工培养，不断压担子的同时并给予更高平台、更多鼓励。接过城厢站站长的重任，魏倩不断调整心态：“刚来城厢站就感受到很浓的班组文化，这些文化是之前历任站长和站员共同努力打造的，来之后不仅要融入，更要延续、创新。”有思索才会有行动，不断加强自身学习是魏倩不变的追求。城厢站责任大、施工频繁、迎检任务重，除了日常标准化管理外，精细化理念的宣贯落实、班组文化的提炼总结等一系列工作也在同时进行，这个看起来柔弱的小女生硬是用不服输的气势将“金牌班组”管理得有声有色。魏倩说：“累点、苦点都没什么，既然挑起这个担子，就要担起这份责任，把我的责任心在潜移默化中传达给每一位站员……”

奔跑吧，三兄弟

2015年1月7日，长宁Ha井组平台上，分簇射孔施工如火如荼地进行着，穿着红工衣的王海东和陈奂目不转睛地盯着地面操作平台，记录着相关数据；离他们1公里外的Hb井组，欧跃强正在和甲方人员一起实地勘探，讨论着Hb-x井的分簇射孔施工方案。这3个80后小伙子，同时来自于川庆测井射孔工艺研究所工程设计室，他们是攻克分簇射孔技术的研发人员，是支撑现场施工服务的技术人员，也是无话不谈、共同奋进的好兄弟。

近3年，三兄弟参与了各级项目12项，获得了实用新型专利3项，发表论文10余篇；参与的项目获得过重庆市科技进步二等奖1项，四川省科技进步三等奖1项，集团公司科技进步三等奖1项，川庆科技进步一等奖1项、二等奖1项；2013年，欧跃强还被评为测井公司劳动模范。

1985年，在成都的华西医院、宜宾的镇卫生院、绵阳的农村瓦房里，3个胖乎乎的小男孩先后呱呱落地。小学、初中、高中，他们有着相似却不同的人生轨迹；直到考上大学，他们对职业和未来做出了同样的选择，这一选择注定他们在几年后，在测井射孔工艺研究所相遇。

20 岁就从中国石油大学资源勘察专业毕业的欧跃强，拥有扎实的基本功、清晰的思维、丰富的现场经验，他在任何工作岗位上都充当着能力者的角色，是所里最年轻的室主任，也是这三兄弟的老大；晚三年毕业的王海东，是欧跃强的师弟，勤奋好学、踏实肯干、创新意识强，让他很快就能独当一面；陈奂毕业于西南石油大学机械设计专业，在遇到他们之前，由于只学过部分石油专业知识，他常常为工作中的专业问题头痛。

直到欧跃强来到了工艺研究所，同龄人的加入，陈奂开始有了不小的进步。这其中的原因，一方面是欧跃强在射孔小队干过几年，对现场较为了解，并毫无保留地跟陈奂讲解专业知识，分享施工经验；另一方面是陈奂感受到了兄弟般的鼓励，主动争取到一线、到试验基地学习，暗自在心中较劲：一定要更加努力地跟上兄弟的步伐。

三兄弟所在的工程设计室主要负责技术攻关、新技术推广、现场技术支撑、重难点井射孔施工设计和方案定夺。几年来，伴随着分簇射孔技术、超高温超高压射孔技术等射孔新利器的成功问世，川庆射孔品牌享誉各大油田市场。市场的开拓意味着，需要技术服务的井次更多、地域更广，这三兄弟在作业现场的时间也就更多了。

欧跃强主要负责陕北、川渝区块，王海东长年累月待在塔里木油田，陈奂长期在隆昌试验基地和重庆数据分析室之间来回奔波，三兄弟 2014 年平均出差时间长达 213 天。

2014 年 10 月，欧跃强请好了假，准备回家迎接快出生的儿子。可一个消息传来：长宁 Hb 井组要进行分簇射孔施工，希望工艺所能派技术人员进行现场指导。这可让欧跃强着实苦恼，王海东还未从新疆回来，陈奂在另一个井场走不开。左右为难下，欧跃强只好拨通家里的电话，告诉媳妇："生孩子时，我尽量赶回来。"背着才买的新生儿衣服，欧跃强直接踏上了去井场的路途。没想到，两天后王海东奇迹般地出现在 Hb 井组，给了他一个惊喜。原来已当上父亲的王海东得知这个情况后，向领导提出申请并协调好塔里木的工作，火速赶了回来。王海东接过了这根接力棒，完美地完成了任务，也让欧跃强不留遗憾地守护了儿子的出生。

理工男，在大家脑海里植入的是什么形象？宅而木讷？不修边幅？呆板无趣？不！这说的都不是这三兄弟。

欧跃强个子不高，弹跳力却了得，是工艺研究所篮球队、足球队的实力队员；热心肠、不计较，阳光乐观的他一天到晚都是笑呵呵的。王海东幽默风趣，闲暇时冷不丁讲上几个冷笑话，常常让大家捧腹不止；喜欢换时尚的发型、做得一手好菜，每分"公粮"都上交的他，还被媳妇评上了居家"型男"的称号。陈奂身高 180 厘米，高挑的鼻子、大大的眼睛，拥有让女生都羡慕妒忌恨的白皙皮肤；凭借天生好歌喉曾代表测井公司出战歌咏比赛，单身时，曾引得无数"美眉"为他尖叫。

兄弟三人身上有着 80 后的特质：接受新生事物的速度快，性格独立自主，敢想敢做，追求时尚，爱玩爱闹。作为 80 后的年轻人，他们也会苦恼、烦闷，也有不成熟的地方，但他们在相互帮助和鼓励中总是能找到前进的动力和方向。

小伙儿 6 年成“大拿”

一米八三的大个儿，手里拎着一把长长的管钳，工作中的顾占闯，工人范儿十足。虽然工作只有 6 年，却凭着自己的勤奋，迅速成长为一名优秀的班站长。

2009 年 7 月，顾占闯大学毕业后到辽河油田沈阳采油厂工作。第一次上岗，走在空旷的巡井路上，看着冷冰冰的抽油机，内心不由得产生一阵落寞。

“路是闯出来的，不是等出来的。”一番心理斗争后，顾占闯下定决心要尽快进入角色，为此，他找到技艺精湛的老采油工，拜师学艺，认真学习各项操作规程。即使是在工余时，顾占闯也是捧起《采油工操作规程》等专业书籍钻研，半年时间，他写下两万多字的学习笔记。正是凭着这股拼劲儿，他从一名“菜鸟”成长为辽河油田最年轻的自然站站长。

2011 年 5 月，顾占闯调到锦州采油厂采油作业一区，从一名巡井工干起。之前很少接触的稀油油井，他重新拜师学艺，仅用一个月就熟练处理各种操作工艺，师傅们直夸他天才。

2013 年，顾占闯在辽河油田第八届职工技能竞赛中摘得银牌。此后，作为年龄最小的选手，他入选油田 40 人集训名单，竞争中国石油技术比赛名额。但高强度、高频率的集训方式，差点要把他击溃。“明星师傅”赵奇峰的鼓励，成了他坚持下去的动力：“走技术这条路必须要耐得住寂寞，还要有不抛弃不放弃的意志。”每次遇到挫折的时候，顾占闯都会暗示自己重新振作起来。经过四轮淘汰赛，他最终成为种子选手参加中国石油 2014 年采油工技能竞赛，并以总分第二的出色成绩勇夺金牌。

荣誉当前，年轻的顾占闯并没有骄傲。他认为，技术能手不光是夺金牌、争荣誉，而是应该把所学技能应用于生产，服务于企业，引导更多的员工提高技术。

回来以后，顾占闯成为 107 中心站副站长兼 43 号站站长，意气风发的他准备“闯”出一番新作为。在与员工一段时间的“亲密”接触后，顾占闯发现工余时大家钻研技术的不多。为改变这一状况，他结合青工特点，开辟“一线技术讲堂”，传授采油知识，强化现场操作，员工的技能和水平有了大幅提升。他还发动全站青工自发成立“攻关小组”，摸索经济实用的小改革、小发明，用废旧材料进行试验改装，制成全分析取样装置，省时省力又环保。不仅如此，顾占闯将全站重点生产经营指标进行分解，实行月度指标可视化动态管理，发动员工提合理化建议，节约成本10万余元。

107 中心站党支部书记丁雅君是出了名的“伯乐”，对员工的闪光点说得十分精准，她对顾占闯的评价很简单：“绝对一流的技术能手”。

第三部分 油·生活

在时代的缝隙中

捡拾石油人的剪影

不是只有好

也不是只有不易

是喜怒哀乐交织

是一步艰辛加上一步欣喜

异乡的蜕变

经历的人生

传递中体会爱

变迁里抚慰心

还在奔跑的年轻人

已经蹒跚的老人

在遥远的路上似曾相识

于点滴星火中鼓舞前行

生活既在别处

也在当下

正不停而无悔地发生着

与你共有的记忆

征战"死亡"之海
只有荒凉
没有荒凉的人
PetroChina

点击 1

关键词 蜕变

青年，青年，广阔天地大有作为。他们离开校园、告别家乡，为了选择远走他乡。四季更迭，他们由少男少女，变成了拖儿带女；由意气风发，变成了早生华发。曾经留下记忆的车厢，如今涌进了新一批的年轻人。轮回间，井架一座座立起来，大型管道网络覆盖了中国版图。是这些青年人，用由痛到定的人生蜕变，激活了整个能源脉搏。是这些年轻人，用对石油由浅及深的理解，拓宽了人们对新一代石油人的认知。

别样的归乡

在祖国的西部，有一片 33.7 万平方公里的沙漠，它的名字叫塔克拉玛干，维吾尔语的意思是“进得去，出不来”。然而在这沙漠腹地——塔中，却奇迹般地矗立着一座“石油城”。

从 1992 年发现塔中 4 油田并开发建设以来，一批批来自五湖四海的年轻人汇聚塔中，为建设世界一流的沙漠油田奔袭于此。这群年轻人大部分是刚刚走出校门的大学生，他们走进塔克拉玛干，热火朝天、安营扎寨。扎根大漠十几年，在这里蜕变、成长。

初到沙漠，大漠的景色北想象中还要美，大学生们感觉很新鲜。时间

长了，新鲜感淡了，长年日出而作日落而息，风沙拍打着井架，就像孤独的叹息。漫长的岁月和遥远的距离，并未真正削弱思乡之情和内心对世界的渴望，他们讨论着曾经，想象着未来。昨夜还讨论着骤变的恶劣天气，清早却又似乎想通了，按下一颗心，麻利地穿上红工衣。

现实和想象差距太大，能依靠的只有毅力。

初到这里，他们想象工作是轻松的，工作地点是办公室。实际上，年轻人都顶着沙漠里特殊的高温，工作在现场，施工在野外，行走在沙漠。女生们想，“工作了，要好好打扮打扮自己，每天漂漂亮亮的”。自从到了井队，每天固定要穿的是工作服，一照镜子，竟生出岁月飞逝的感叹。别人的工作都是正常八小时，下班后也能偶尔放纵。而年轻人到了塔中，休息时间从没一个准。通宵熬夜稀疏平常，一闲下来四肢还没伸张开，休闲的宏愿就被疲倦的困意取代。曾经他们觉得在学校学的知识足以应对工作上的各种问题，但实际上，他们逐渐发现自己就像个“门外汉”，有很多东西要推翻了重来。要想获得荣誉、赢得认可，还真要下一番苦工夫。

在多数年轻人争先恐后地尝试征服世界的时候，这一批汇聚塔中的先锋者选择了坚守。十多年的青春抛撒在大漠戈壁，步入而立之年的“石油青年”大多结婚生子，早已完成了从城市学生到石油人的转变。如今，他们高效开发并管理着塔中 4、塔中 16、塔中 10、塔中 6、塔中 I 五个油气田。岁月燃尽，彰而不显。枕着渐青的头发，梦里还有故乡的山林。

塔克拉玛干——“进得去，出不来”。怀抱宏愿的年轻人老了、远去了。然而 2300 多万吨原油、100 多亿立方米天然气，正包裹着他们的思念，随着西气东输管道回到阔别已久的上海、北京，完成一次别样的归乡。

现在，如果你追问他们这样的付出有意义吗？他们只会淡淡一笑。

别样的沙漠生活

每天早晨 8：40，塔中小广播准时开播，5 分钟的直播。

春夏做操，秋冬开跑。塔中的年轻人不甘寂寞。没有高档舞厅，春夏的每个清晨，他们就自发组织集体做操。秋冬每个早上，通向井场的道路成了独特的跑道。

没有山珍海味，挖沙参成为他们的一大乐趣。他们建起了自己的“后花园”，苦咸的地下水种出的景观性植物和瓜果，点缀着沙漠中的生活。

他们周末也郊游。沙漠，就是天然大公园，聚餐、聊天，放松心情，其乐融融。没有 KTV，想唱歌了，找个沙丘，叫上好友，来把吉他，亮开嗓子，想唱啥就唱啥。他们也有灯光篮球场，赛场上的争抢激烈，加油声此起彼伏。他们也办晚会，歌曲、相声、小品、杂技，样样不落，样样不差。

他们这儿的演讲比赛，是年轻人释放青春的舞台，每一个主题都代表了年轻人的心声。他们也组织知识竞赛，不大的会议室，纵然很挤，但个个神情专注，没有人提前离场。他们不经常上电视，但只要有机会，他们也美美地秀一把，个个都特别“上镜”。

他们这儿偶尔也有雪，沙漠瞬间变成白色的世界。

别样的异国征途

元旦，因能源大动脉——中亚天然气管道建设需要，管道设计院勘察事业部中亚D线勘察队踏上了塔吉克斯坦（简称塔国）的土地。

塔吉克斯坦，90%是山区，平均海拔在3000米以上，物产匮乏。

勘察队分了两个小队，一个驻扎Garm小镇，镇上只有一家宾馆，宾馆多数房间没有卫生间，大家凑合着住。

另一个分队的条件就艰苦多了，住的是营地破败不堪的铁皮房子。大家给那个营地写了副对联：“呼声雨声磨牙声声声入耳；茅房伙房淋浴房房房漏风。”

塔国的海拔很高，勘察队员去的时候正值寒冬，平均气温在零下20摄氏度左右。尽管每个人都把自己认为最厚的衣物都穿在身上，但在这里还是感觉跟什么都没穿一样。

当地有个习惯，路边所有水龙头几乎都不关，任水哗哗地流淌。虽然当地自来水不要钱，但大家在国内养成了节约的好习惯。

有一次，他们晚上洗漱完顺手关上了水龙头，结果，第二天水管就冻了，人家鼓捣半天才弄好，于是大家再也不管这“闲事”了。

勘察队员李清军说：“我们在这边特别费裤子，半数以上的队员都在此损失了裤子。就拿江从刚来说，已经损失了3条裤子！” 大家还风趣地给他起了一个罗马尼亚名字——“从刚斯库”。原来，塔国的山上荆棘密布，倒刺特别多，稍不注意就挂破裤子。

队员们经常会爬陡峭的山坡，坡度多在30度以上，且有较厚的积雪，十分湿滑。队员们用登山绳爬上去就已经筋疲力尽，干完活后真懒得再爬下来。不知道谁发明的从山坡上面滑下来——队员抱好自己的设备，坐在

山坡雪地上，自由下滑。这样倒是省力气了，就是太费裤子。

相比于住宿穿衣，这里的饮食也挑战着勘察队员。

刚到塔国，大家吃着当地的“塔餐”感觉还不错，顿顿牛羊肉，配上馕，味道鲜美、口味极佳。

但是他们很快就“吃不动”了，只能经常吃方便面就咸菜。时间一长，就受不了了，得吃点青菜啊！

可是，当地不种菜，绿叶蔬菜几乎全靠进口，价格高得吓人，普通的生姜要人民币 50 块钱一斤，一棵菠菜要两三块钱。而且，只有首都杜尚别能买到绿叶菜。

要想吃点水果，那更是个奢侈的想法，香蕉论根卖，一根七八块钱。

有一次，大家在超市偶然碰到了饺子，兴奋地买回去，结果发现里面居然是酸奶加土豆馅儿的，那味道别提了……

于是，大家商量着租厨房自己开伙。一群老爷们儿开始当起了大厨，有人买菜，有人做饭，还制定了食堂管理规范，轮流值班。

厨房里，每天都可以看到有人拿着手机对着网上的菜谱做各种“实践”。真别说，从此大家的饭菜丰盛了不少。

与日常生活的衣食住宿相比，野外勘察测量就得加倍小心了。

塔国是“山国”，到处都是山路，别说高速公路了，最好的一条公路也就跟中国普通的国道一样。路边的护坡更差，在雨、雪、大风天，经常从山上滚下石头，勘察队的车辆就曾经被砸中过两次，幸亏没有伤到人。如果到了山上，就会发现，这路没有最差，只有更差。

工作间隙，大家最快乐的事就是干完活后打一打雪仗，或者抬起一个人来蹲“屁蹲儿”，直到玩得筋疲力尽。

这就是异国他乡的生活，队员们只能苦中找乐。

别样的钻井先生们

从没放弃对生活热爱的人才能始终把握生活的脉动。

这一群人可以战天斗地、攻坚克难，亦能发现生活的美与活力，生活在此地或别处，艰难或荒凉，心鲜活，人便快乐。

1

流行、通俗、民歌样样拿手，新歌听上一两遍，不会唱也会哼，歌手？明星？不，这是川庆钻探公司 0597 钻井队一名普通的内钳工——李国庆。

33 岁的他在钻井队是出了名的爱唱歌，稍有空闲就会放声高唱。井场上下班的路上、食堂里、板房中，就连换工服的几分钟，他也要来一曲，久而久之，若是每天听不到他唱歌，同事们都会觉得这一天不完整。

唱歌让李国庆的生活变得丰富。在疲惫劳累的工作里，偶尔唱上那么一曲喜欢的歌，好似天空都变得广阔。然而音乐的作用的远不止是抒发情感和缓解压力，2000 年，李国庆认识了陕北姑娘刘世爱，在相处的日子里，李国庆用一次次充满爱意的歌唱，打动了姑娘的心，最终如愿以偿，用动人的歌声换来了珍贵的爱情，与心爱的姑娘走进了婚姻的殿堂。不仅如此，他甚至用即兴演唱自编的方式成功化解过朋友夫妻间的争执。音乐如此美妙，生活何尝不能丰富多彩，井队工作的劳累与乏味，被音乐带来的感动与轻松所化解。

2

夏天的黄昏，少年们在篮球场上挥汗如雨，这是大学校园最常见的画面，而当这画面出现在野外，多多少少有些让人惊讶。川庆钻探公司 40591 钻井队大班司钻张培，就是这样一个即便身处大山荒地，但只要看见篮板就立马变身姚明的小伙儿。1987 年出生的他，身材魁梧，对篮球有一种深入骨髓的爱。

喜欢篮球，当然也要打得好，原先在学校的时候，张培就是篮球队的中锋，篮下“统治力”很强。他常说，全场盯人防守才能玩得够。与大多数参加工作后就放弃爱好、懒散不动的人不同，进入钻井队的他即便工作时又忙又累，但只要有条件，就总要抱着篮球打上一会儿。

2014 年的“五四”青年节，项目部举办了一场篮球比赛，张培所在的球队在他的带领下获得了亚军。队员们都很惊讶，一个井队司钻，每天工作量大、任务重，但比赛状态和技术水平却保持得这么好，你哪有时间训练啊？

张培只是笑笑，在球场上他的引擎永远启动。

3

镜头里风花雪月，镜头外荒郊野岭。对于习建军，40597 钻井队的副司钻，这大概是一句贴切的形容。最初在朋友的影响下喜欢上的摄影，慢慢地变成了工作生活中重要的一部分，跟随钻井队常年在外工作的他，只要一有空就会拍起照片来。

井队去的地方常常是荒郊野岭，这本是令人叫苦的事情，喜欢摄影的习建军却觉得这是得天独厚的优势，每到一个新的地方，风景总是新鲜，不同的拍摄角度间，留下的是不同的美景与快乐。在拍风景和人物外，他利用相机拍下钻井队员工的违章行为，这些照片经过分享，使大家的安全意识增强许多。他的作品曾在项目部摄影比赛中获得第二名。在他的带领下，他所在的工程一班有三名员工都喜欢上了摄影，更多美好的风景得以被记录与分享。

钻井队常常换地方工作，总难以预知下一处会是哪里，然而不论何处，有风景就可以拍，能摄影就能感知美好，风景在别处，快乐在心间。

《现场课堂效果最好》40597 钻井队习建军拍摄

别样的野外之家

长庆油田采油二厂的西峰油田，宁16单井点。一面临沟、三面连村，三个井场、四口油井，一对夫妇。从2008年6月至今，毛仲峰、谢玉华夫妇主动要求来这里工作的两千多个日日夜夜，夫妇俩在这里，用坚持和守望撑起了一个家。

在每天每隔4个小时要进行一次的巡井和巡线里，毛师傅夫妇对这几口井的了解堪比对自己孩子，用他们的话说就是：光听声音就知道井的状态。

井场边上，一口油井、一个注水阀组、两组高架储油储水罐、一只彩板房、一间小木屋，加上毛师傅在从山沟里搬回的风凌石，刻上“宁16单井点”几个字，这就是家了。没有墙，那就种上一排整齐的果树或是松树、竹子，一溜儿的花椒树与核桃树成就出另一番景色，屋后辟出一块菜地，苜蓿、韭菜、小葱、油菜，生活的气息便浓了起来。

井场旁边的空地上，用两根铁管拉一道简易的羽毛球网，风不大的时候，夫妇俩就在这里打打羽毛球，你来我往的接球送球间，是平常夫妇的相伴相守。为让老伴能像城里的老太太们一样跳时下流行的广场舞，毛师傅还自己买砖、买水泥，在彩板房门口“硬化”出了一块10平方米左右的“小广场”，晚上空闲时夫妇二人就跟着DVD学跳广场舞。而一条活蹦乱跳的小狗，给这个看似寂寥的家带来了许多乐趣。细心的毛师傅用长铁丝做了一条狗道，小狗缰绳扣串在铁丝上可以任意滑动，小狗自在活动，大人也开怀。

6年，这里的一草一木、一砖一瓦早已印在了夫妇俩的心里，油井、管线、小狗、果树、菜园，工作的职责和生活的细节在这里被时光糅合在一起。这对夫妇，用乐观的精神筑起了一个温暖的家。日日夜夜的尽职尽责，囿于寂寞旷野的他们，活出了明亮的幸福。

如今即将要面临退休的谢玉华心里尽是对这里的不舍，当你适应了一个地方，当你从心底接受了一种生活，所有的一切就会变成你生命里不可分割的一部分，难割难舍，如同人们所说“此心安处是吾乡”。

别样的“巡诊医生”

秋雨降临的时候，柴达木盆地告别了一年中酷热的夏季，气温直降至零上几摄氏度。在瑟瑟的沙漠秋风中，穿着蓝色毛背心的李漠风正在和工友们对着一处磕头抽油机“问诊把脉”。

在方圆 25 万平方公里的柴达木盆地，25 岁的李漠风和他所在的青海油田井下作业大修队是不可或缺的一群人。他们是油田的“巡诊医生”，负责油田的大修侧钻以及投产维护。不过，他们的工作不在手术台，而在气候变幻多端的野外。

初见李漠风的时候，他的外表让人吃惊。这个帅气的男孩衣服上裹着一层黑色油污，因为常年风吹日晒，原本红色的上衣早已褪色发黄。就连脚上的工鞋，也因为长期被含盐、含碱的井水浸泡而变色。

“这还不是最惨的样子，如果你冬天来柴达木，我的工装脱掉都可以直接立在地上。”李漠风笑着说。和老师傅们古铜色的脸庞相比，李漠风的皮肤要白皙多了。原来，这个时尚男孩经常敷面膜，以抵御强烈紫外线带给皮肤的伤害。他的双手，像极了一双弹钢琴的手，细腻而修长。

3 年前，毕业于西南石油大学的李漠风，回到了他出生的青海油田。李漠风在柴达木盆地漫天的黄沙中出生，喜欢诗歌的母亲给他起名漠风，取“大漠孤烟直，长河落日圆”之意。接过父母、祖父母的接力棒，李漠风在油田当上了一名井下作业工，干的是油田上最“脏、苦、险、累”的工种，但是，这个“90 后”石油工人秉持着不同于老一辈石油人的生活态度和工作追求。

12830 队的队员和大学生记者

“拼命地干，快乐地玩。就算被世界遗忘，也要拼命追寻世界。”李漠风说。在这个新生代青海油田人的字典里，工作是为了更好地生活。“一个不懂得生活的人，不会懂得工作的意义”。井下作业工的辛苦众所周知，每年 11 月到来年 3 月，他们要在零下 30 到 40 摄氏度的极寒天气野外作业。

在油井大修过程中，盐碱水有时会从地下喷出，打湿他们的工服，工服马上会冻僵、变硬，打湿的手套也很容易粘在铁管上，拔不下来。冬季夜班，12 个小时不能合眼的经历更是让这个大男孩刻骨铭心。

“只有荒凉的戈壁滩，没有荒凉的人生”。这句被人熟知的话，是他的人生态度：工作时，脚踏实地，一丝不苟，做好油田的“巡诊医生”；休息时，便心无旁骛地玩。

这个“90 后”的井下作业工还是个十足的“潮人”：喜欢唱歌，参加过选秀节目；喜欢旅游，最爱马尔代夫；熟练地使用微博、微信，保持着和外面世界的互动。一有时间，李漠风喜欢走南闯北，去看不一样的风景，认识不一样的人。2013 年冬天，他用所有积蓄为母亲换了一辆车，这样的消费观让油田的老师傅觉得不可思议。最近，这个“90 后”小伙子正在写微电影剧本，他想去记录新一代青海石油人用微小的梦想支撑自己前进的故事。

无论是站在盐碱地里下套管，还是蹲在地上吃午餐，李漠风的脸上始终挂着阳光的笑容。“我可以在拼命工作之余，继续保持大学期间的爱好和自己微小的梦想，这让我的生活更快乐。”李漠风说。

“我希望自己可以走到更远的地方，去不断丰富自己的人生，就像面膜给皮肤补充养分一样，旅行也会滋养我的心灵，即使身处荒漠，也不能让心灵干枯。”李漠风一脸潇洒。

别样的“90 后”夫妇

茫茫戈壁中，一座小院，一间不到 20 平方米的小房，是一对“90 后”小夫妻的家。

中国石油青海油田南翼山采油作业区采油 2 站，坐落在距离花土沟镇 100 多公里的南翼山戈壁中。

1990 年出生尹晓珺，是这里的一名采油工。妻子赵倩和他同岁，是他的同事，也是他离不开的工作帮手。

2013 年，他们一起分到了南翼山工作，在工作中互相帮助，在生活中朝夕相处。

2014 年，尹晓珺和赵倩喜结连理。采油队自然成了他们的家，只是面积小了点儿，只有 20 多平方米；户型单一了点儿，卧室也是客厅；陈设简单了点儿，一张桌子、两张合并的铺板床，一台小电视机是家里为数不多的家用电器之一。

就是这样的一份工作、一个小家，小两口对生活却总透出一份从容，脸上也写着淡淡的笑意。

尹晓珺和赵倩是南翼山采油作业区第一对“90后”夫妻采油档，他们负责南翼山20多口油井的巡护保养和计量工作。

南翼山的地形比较复杂，油井都是单井罐，所以这里的采油工普遍都是徒步巡井。尹晓珺每4个小时要巡护一次井，一次巡护要走四五公里路。

采油工作活儿倒算不上累，就是时间上耗人。按工作规范，每两个小时要记录一次压力，每天要到队上交一次油井班报表。一年365天，一天都不能中断，这意味着他们的每一天都被切割得支离破碎。自从来这里工作，小两口没在夜里12点之前睡过觉，更没在早晨8点之后起过床。

他们每天工作虽然繁琐单调，日夜陪伴他们的只有井区不停运转着的抽油机，但两人还是努力在工作中找寻属于自己的乐趣。

尹晓珺和赵倩一起工作、一起练字、一起学习。尹晓珺爱读书，每读一本书后都会写下自己的读后感，摘抄出精彩的句子，与妻子一同分享。

其实，南翼山的日子和尹晓珺、赵倩憧憬的生活相差很远，可时间长了，他们似乎在这里找到了默契，有了在一起的充实与快乐，对这里更有着一种不舍的感情，所以他们把家安在这里。

点击 2

关键词 老一辈

老一辈的生活是集体式的生活，他们在几近雷同的人生选择、悲欢喜乐中缔造属于自己的传奇。回忆他们，可回溯石油的精神传统；走近他们，可汲取石油的精神力量；倾听他们，可得知今日由何而来、未来从何而去。

罗跃福：从抗战老兵到石油工人

2014 年 8 月 29 日，从龙王庙组气藏奔涌而出的天然气，经净化后进入四川盆地北内环输气干线，首次贯穿全川。次日，94 岁的罗跃福从女儿口里得知这一消息，遂拍手感叹："四川又找到大气田，好事啊好事！"

作为"老石油"，罗跃福一直关注四川石油的发展。1958 年，川中石油会战打响后，他成为西南石油学院第一代驾驶员；8 年后在原四川石油管理局地调处车队修理汽车，为四川寻油找气提供后勤保障。

如今的罗跃福耳不聋、背不驼，能自己吃饭、叠被子，每天还风雨无阻坚持锻炼两个小时。"这些年不让父亲看抗战剧，他一看就哭得收不住，沉浸在过去战火纷飞的岁月里"，他的三女儿罗征华说，父亲最喜欢读《滇缅抗战纪实》，看不清的地方让她念，现在都不知念了多少遍了。

前些时候，罗跃福迷上电视剧《壮士出川》，看一回哭一回。荧屏里，抗日将士在衣不遮体、缺少弹药的情况下，依然冲锋陷阵，抗击日寇。悲壮的情景一次次将老人带回 77 年前那炮火连天的岁月。

南京外围阻击战

1920年，罗跃福出生于成都。1931年，“九一八”事变爆发后，全国迅速掀起了规模宏大的反日救国高潮。侵略者的炮声也唤起了四川人民的觉醒，“四方都是炮火，四方都是豺狼，宁愿死，不投降，宁愿死，不退让……”抗日歌曲响彻街头巷尾。

那时，罗跃福在华阳高级小学念书，在老师的带领下上街游行，表达抗日救国的愿望。有好几次，遇上军阀朝天开枪，冲散了学生队伍，老师机智地带着大家躲避一阵，又继续上街游行。

1932年，罗跃福小学毕业后，到西顺成街庆鑫制革厂当了一名学徒。虽说是学徒，但每天干的是为客人递烟倒茶的活儿，受尽了白眼。

这一年，日本为攻占上海，蓄意制造了“一·二八”事变，驻守淞沪地区的十九路军奋起抵抗。淞沪抗战打击了日本的嚣张气焰，鼓舞了全国人民的抗日热情。罗跃福说，在成都许多茶馆里，“打倒日本帝国主义”的口号不绝于耳。

回到学校，老师满腔怒火地告诉同学们，自甲午战争以来，日本对中国任意宰割践踏，给中国人民带来了深重的灾难，只有坚决抗战，才能把侵略者赶出去。罗跃福听了热血沸腾。

1937年6月，罗跃福瞒着家人加入国民革命军陆军第21军145师，毅然投身抗战，直到他家门上挂起“抗敌光荣”的匾牌、免灯油捐后，家里才知道他扛枪打鬼子去了。

“八一三”淞沪抗战之际，为阻止日军攻占上海后进攻南京，第21军分三路出川抗战，东出夔门，北出剑门，南至湖南，赶往无锡一带。罗跃福所在的145师，经重庆、黔江直插江苏无锡一带。“川军装备很差”，罗跃福说，托运物质全靠西昌马，他因个子小，连长只给了他一支 7 斤重的马枪，每人发了一双草鞋和一双布鞋，昼夜行军中，他的草鞋穿烂了，也舍不得换布鞋，打着光脚继续前进。

淞沪会战十分惨烈，日军投入了 28 万兵力，动用军舰 30 余艘，飞机 500 余架疯狂进攻。罗跃福说，中国军人完全以劣势装备与敌人浴血奋战，用堆积如山的尸体做工事，一次次击退日军攻击，很多中国军人壮烈殉国。

145 师奉命穿插于苏州、无锡、宜兴之间。罗跃福说，在这场阻击战中，他们分别遭遇了谷寿夫部、酒井隆部，见证了战争的残酷。到处都是日军的飞机、大炮、坦克，还有间隔施放的毒气弹。145 师使用的武器很杂，既有四川制造、汉阳制造的步枪，也有河南制造、南京制造的冲锋枪。

日军投下罪恶的炸弹，地面升起复仇的火焰。尽管处于劣势，将士们伴着炮火声，同仇敌忾，浴血奋战，击毙日军近千名，打出了 145 师的威风。

145 师也付出了惨重的代价。师长饶国华因丢失阵地愤而自杀（民政部公布首批在抗日战争中为国捐躯的 300 名著名抗日英烈和英雄群体名录中，饶国华名列其中），许多士兵战死沙场，打垮的番号随时都在取消和重新组建。

罗跃福被打散了，他在寻找部队时，遭遇了两名也在寻找部队的日军，尽管有 70 米之遥，但罗跃福怀着满腔怒火，击毙了侵略者。这次阻击战中，他共击毙近 20 名日军。归队后，战友们紧紧拥抱在一起，连长抚摩着他的头，夸奖道："短一寸"真行。此后，战友们都知道"短一寸"打仗勇敢。

罗跃福的腿和脚背多处被弹片击中。"当时只顾打鬼子没感觉到，血渗到裤子外面才发现"，罗跃福噙着热泪说，"流点血不算什么，四周到处是战友成片的尸体，他们付出了生命的代价。"

双手抠出履带上的泥土

1937 年 12 月，南京沦陷后，145 师撤退至安徽竹风镇一带，经过短暂休整，又配合其他部队破坏铁路，阻止日军进攻南昌。

此时的罗跃福尚在休整中，因军服和伤口粘连在一起，被雨淋湿又沤干，晚上挤在潮湿的地方睡觉，不久得了"回归热"。1938 年初，罗跃福被送到长沙接受治疗。伤兵收容所挤满了伤员，他只好睡在大街上。

1938 年 3 月，罗跃福病愈后，被编入国民革命军第五军 200 师 19 团汽车连四排。四排是补给排，保障战车油料和弹药供应。在江西上高会战中，第一排和第二排驾驶战车向前冲锋，狡猾的日军避开战车，向后面的步兵射击，伤亡极大，几乎每 20 分钟就要送下来一批伤员。一辆菲亚特战车意外熄火，一名士兵钻出战车用手摇燃，结果被日军击中。

为了多杀鬼子，为战友报仇，罗跃福每天都钻进战车底部，用双手抠出履带上的泥土，又抹上油，保障战车顺利前进。清理完后，他又困又累，尽管睁着眼，却早已睡着了。后来与日军作战时，战车再也没有熄过火。

滇缅公路抢运军需物资

1939 年，罗跃福正式成为一名汽车兵，为前方将士运送弹药、油料。次年，他奔赴滇缅公路，抢运国际援助物资，为中国远征军运送军需。

滇缅公路全长 1146 公里，其中，昆明至德宏畹町 960 公里，畹町至缅甸腊戍 186 公里。这条公路是严重缺乏施工机械的 20 余万中国劳工，用双手在崇山峻岭间开凿出的埋葬日本侵略者的交通大道。

1938 年 3 月，此路开通后，打破了日寇对中国的封锁，成为国际物资援助的生命线。为了破坏这条公路，日军从 1940 年 10 月起的不到半年时间里，出动 400 多架次飞机狂轰滥炸。罗跃福在这条生命线上一跑就是 3 年多，与战友们一起昼夜不停地抢运物资。

这条路的危险至今让罗跃福心有余悸。他说，在滇缅公路，没有“铁脚、马眼、神仙肚”是不行的。有了铁脚，才能躲避日军轰炸；有了马眼，才能夜钻山沟；有了神仙肚，才能经得住挨饿挨冻。

“出奇制胜摧坚陷阵，前进前进，万众一心以一当百，以一当万，有我无敌人……”长途行车时，困了就唱一唱“汽车兵曲”，或用力扯耳垂，用牙咬舌头。为节省时间，给汽车加水时，来不及挽裤脚，踩进水里，打起水就走。多跑一公里，就给日军少喘息的机会。千余公里路漫漫，途中无数次遭遇险情。罗跃福说，预警警报一响，他就紧急停车，就地隐蔽。紧急警报拉响后，炸弹瞬间就在四周爆炸。一些还在驾驶室的战友，被弹片击中后，车一下就翻下万丈悬崖，牺牲后只能就地掩埋。有几次，他亲眼目睹战友被炸死，难过得哭了，向战友行过军礼后，继续前进，完成他们的遗愿。

一次，日机轰炸后，一位血肉模糊的老乡奄奄一息，临死前希望罗跃福帮忙捎个信回去。罗跃福强忍悲痛，却不能答应他，因为他不知道下一个被炸死的是不是他自己。每次轰炸之后，驻守在桥边的抢修队及时进行抢修。罗跃福说，有时空袭还没有结束，炸弹还在燃烧，抢修队就开始抢修了。

虽然时隔 70 多年，但 11 岁女孩陈桂芝的身影永远定格在罗跃福的脑海里。1942 年，罗跃福在抢运物资途中，突然遇到陈桂芝横穿公路，躲闪不及撞伤了女孩，最后，女孩不治而亡。当部队要处罚罗跃福时，女孩的父母望望血肉模糊的孩子，又望望愧疚的罗跃福，声泪俱下地说“这笔账要算在日本鬼子的头上”，请求部队不要处罚罗跃福，让他多拉物资多打鬼子。

罗跃福仰着头，紧闭双眼，任凭眼泪流淌……

罗跃福并不知道，从 1939 年至 1942 年这三年，从滇缅公路运送的抗战物资多达 45 万吨，为前方抗战提供了物资保障。

1942 年，中国远征军入缅作战后，罗跃福等 30 人奉命组成运输队，驾驶 15 辆军车，冒着路况不明随时可能翻车的危险，深入缅甸的八莫、南坎、木基等地，为远征军运送棉被、军装、食品等物资。半个月后，所有车辆顺利返回昆明。

打空子弹庆祝抗战胜利

“向前走，别退后，牺牲已到最后关头，同胞被屠杀，土地被强占，我们再也不能忍受，亡国的条件我们绝不能接受，中国的领土，一寸也不能失守。”1944 年，罗跃福听说昆明伞兵团组建突击队，准备在桂林与日寇殊死一战，他立即申请调至突击队。

这支部队隐藏在云南上庄附近，对士兵进行封闭式训练。每天除了实弹演习、匍匐前进外，还要进行空降训练。跳伞塔有30多米高，下面只铺了薄薄的一层锯末及细沙。其他队员有些怯意，罗跃福敏捷地爬上去，系好扣带，一下跳下去，快着地时伞猛地自动张开。教官见状，伸出拇指连连夸赞跳得好。正当罗跃福憋足劲苦练杀敌本领时，传来了日本投降的消息。抗战8年终于取得了决定性胜利，大家都流泪了。

“那时的感觉真是扬眉吐气”，罗跃福说，大家把枪里的子弹都打空了。

说到这里，他忍不住站起身来，右手高举过头顶，做出向天鸣枪的姿势，嘴里唱着：“咱们中国军队勇敢前进，看准那敌人，把他消灭，把他消灭，大刀向鬼子们的头上砍去……”罗跃福说，能见证这么重要的历史时刻，觉得很光荣、很幸运。

1949年6月，罗跃福回到家乡，加入中国人民解放军一所随营学校。次年，学校决定一半学员参加抗美援朝战争，一半学员进入西南空军新津机场场务队。

罗跃福决心参加抗美援朝，不料抓阄时抓到了“留下”。在新津机场场务队，罗跃福又干上了老本行，在汽车班当了一名驾驶员。一年后，罗跃福被分配到雅安运输公司。1957年又调至成都汽车修理厂。

寻油找气忙运输

1958年，川中石油会战打响后，西南石油学院应运而生，罗跃福被抽调到石油学院车队，成为学院第一代驾驶员。

那时学院烧着锅炉，为全院供应开水和洗澡水。罗跃福每天昼夜往返广安、岳池拉煤；修房子时，又去双女石村运石头；搭建工棚时，又去数百里外的江安运楠竹。运回石头或煤炭后，他不顾劳累帮着卸车。收车后，为了保护车辆安全，他拿出一两粮票和一分钱，让子女们轮流守车。学院老师和学生要去重庆、隆昌等地考察地质，罗跃福主动送他们去。送人可不比运货，心细的罗跃福提前准备好绳子，出发前将货车车厢的后门牢牢捆住，避免师生因路面颠簸被“抖”出车厢外。

1966年，罗跃福调入四川石油管理局地调处车队，当了一名修理工。

“开车还行，修车是半路出家”，罗跃福说，一切都从头学起。与罗跃福曾共过事的邱为群说，拆卸轮胎、清洗配件、松紧螺钉等脏活、累活，罗跃福都抢着干。修车任务紧时，他就睡在驾驶室里，有时刚眯一会儿，上班的钟声就敲响了，惊醒后又接着干。那时修车没有地沟，夏季里，热气蒸腾，拆卸传动轴时，罗跃福钻进车底躺在睡板上。许多螺钉严重锈蚀，还得用锯工锯。拆卸完毕后，浑身没有一处干净的地方。那时嘉陵江还没有一座桥，回家换衣服时，罗跃福就将脏衣服打包顶在头顶，跃入江中泅渡过去……

1980年，这名抗战老兵依依不舍地离开摸了41年的方向盘，光荣退休。

罗跃福说，他的一生曾为国家、为民族，做过一点点小事，非常值得。他希望用无数生命换来的和平和安逸可以代代相传，他更希望年轻的一代代不忘使命，不负重托，尽全力为国家、为民族做一点点小事。

李登俊：从“三老”老人到道德模范

有人戏称他是“三老”——

14 岁参加革命，老战士；

党龄 69 年，老党员；

60 年前与石油结缘，老石油。

他就是李登俊，辽河油田首届道德模范特别荣誉奖获得者。

“我是一名战士，要永远向前！”

1940 年 3 月，战争的硝烟已经弥漫了整个中国大地。还没有步枪高的李登俊，走在了八路军 115 师 686 团的队伍里。那时，他才 14 岁。

参军第一年，李登俊没有枪，他就把树枝削成木棍，扛在肩上，以此壮胆。由于年纪小，他经常被派去执行侦察任务。在一次执行任务过程中被鬼子发现，在敌人的乱枪齐发中，他一口气跑了十几里，虽然鞋跑丢了、帽子打飞了，裤腿还被打穿了一个洞，但好在躲过一劫。

在随后的战争岁月里，他随着部队转战大江南北，经历了枪林弹雨，几次从死亡线上爬回来。问他有没有想过退缩，李登俊摇头，“我是一名战士，要永远向前！”

“只要好好工作就够了，干什么都是作贡献！”

1954 年，组织安排李登俊到中苏石油公司（新疆油田的前身）工作。1970 年 8 月，辽河油田建设伊始，李登俊跟随着支援大军来到当时的“南大荒”，负责后勤管理工作。

当时的辽河油田条件非常艰苦，创业者们住帐篷、睡草铺，设备运送还靠人拉肩扛。如何在艰苦环境下保证大伙儿的吃喝住行，是李登俊这个“后勤部长”面临的最大问题。

由于粮食定量少，很多人吃不饱饭。李登俊就琢磨出一个办法：既然粗粮（主要是苞米）不算在定量内，那就多进一些粗粮分给职工，搭配着吃，也能暂时解决问题。东北的冬天，零下 20℃是经常的事，寒风冷得刺骨，职工们开会或者吃饭都在露天。最冷的时候，碗里的饭吃到一半，另一半已经结冰了。李登俊就张罗建起了油田大食堂，条件艰苦，没有板凳，他就让人找来宽木条，制成简易长条凳来代替。食堂建成后，还兼具会议室的功能，油田很多会议都在这里召开。

吃解决了，住呢？偌大个油田没有一间像样的房子，大家都住在帐篷里，冬冷夏热，苦不堪言。李登俊从林区购买木头，筹到石头和沙子，从火车站运到油田根据地，号召大伙儿干起来，一次就解决了 300 多户 1000 多人的住房问题。

周边建设还没跟上去，外出总是问题。李登俊先后解决了大伙就医时的交通，并为二线员工及学校老师配发雨具。

1976年，李登俊调任油田组织处。岗位变了，性质却一样。他说，“只要好好工作就够了，干什么都是作贡献！”

“虽然不在岗位，但我还是闲不下来！”

1987年，李登俊离休。离开岗位的他，接任了辽河油田老干部党总支第一党支部的书记。这只是一个闲职，但是李登俊闲不下来。他热心依旧，跑前跑后，甚至拿出了曾经管理后勤工作的经验，料理和关心着油田家属区内大大小小的事务。

李登俊居住的小区建设早，老年人居多，哪家老人生病、家庭不睦、邻里不和，他都登门看望、化解矛盾。在李登俊居住的小区，哪里的草该拔了，哪里的花缺水了，哪儿有地线电缆不能挖，他一清二楚。

雨后出门，他一定随身带把铁锹，发现坑洼，随时就给平整一下。每逢下雪，他早上4点就起床，顶风冒雪扫出一条干净小道，方便行人。每年春节，他都带着自己买好的糖果、瓜子到小区的银行、物业等部门的值班室，看望和感谢值班人员。

作为离退休队伍的支部书记，李登俊经常挨家挨户送学习材料和文件。他始终坚持个人学习，记了80本近百万字的学习笔记。空闲了，他就把国家政策规定和中国石油的工作报告，一段一段背给退休职工听。

“能帮助别人我觉得更幸福！”

2008年汶川大地震，李登俊通过红十字会和缴纳特殊党费等形式，捐款3万元。南方发生冰雪灾害，他向红十字会捐款5000元。青海玉树地震，他又一次捐助1万元。

2009年，他被评为全国离退休干部先进个人，在领到2000元奖金后，他又添了8000元，凑足1万元缴了党费。在党的十八大即将召开之际，他将个人积攒的5万元交给组织部。他说："党的十八大即将召开，作为一名有着60多年党龄的老党员，我感到非常高兴，请把它作为党费，用到国家最需要的地方去……"

离休27年来，他累计捐款达15万元，这几乎是他的全部积蓄。

对待他人这么慷慨无私，而李登俊个人却过得非常简朴。家里没有一件像样的家具，厨房里还用着20世纪70年代的炊具。打开他的衣柜，里面放的都是七八十年代"涤卡"衣服和发白的老式中山装。随身穿的衬衣领口、袖口都"飞边"了，也不舍得扔。他过生日，晚辈给他买了一件500多元的衣服，他硬是逼着给退了，"衣服太贵了"。

李登俊60多岁时，老伴去世。20多年来，他单身一人，都是自己洗衣做饭、买菜、收拾家务。

2012年，李登俊获得辽河油田首届道德模范特别荣誉奖。

在颁奖典礼上，他将自己的"三老"精神做了个总结。他说："我年纪大了，吃穿不愁，对生活也没有什么过高的要求。要是在我的能力范围内，能帮助更多的人，那是最幸福也最有意义的事！"

70 年代女钻工井场集体留影

女子钻井队：当年，她们都争着上钻台

川庆钻探公司的前身四川石油管理局，有一支青年女子钻井队。1971年，为响应“时代不同了，男女都一样，男同志能办到的事女同志一样能办到”的号召，青年女子钻井队应运而生，开始涉足钻井这一危险、艰苦、繁重的工作。这是新中国成立以来组建的第二支青年女子钻井队，一直保持着百人左右的定员规模，先后有 204 名女子在这个井队工作与生活。钻井队转战四川泸县、永川、纳溪等地，打井 23 口。井队番号因使用过罗马钻 1800 米和 4000 米两部大中型钻机，而先后被称为 1813 钻井队、4087 钻井队。1979 年 6 月，女子钻井队解散。

当年在井队，一个月除了两天例假休息，队员们都要四班三倒地工作，下班后往往筋疲力尽。尽管如此，她们都争着上钻台，铁姑娘唐大素高烧 39 度都拉不下钻台，不少人受了伤也舍不得离开井队。遇上打捞钻具水眼不通，起一根喷一根，泥浆从头淋到脚，尽管头戴铝盔身穿雨衣，但全身上下还是喷满了泥浆，原本娇美漂亮的脸庞变得泥糊糊的，只看得到一双眼睛在转。

无论严寒酷暑、打雷下雨，井架工都要踩着铁条制成的小梯子爬上二十多米的二层平台，探着身子用力拉钻杆、快速扣钻杆，为了不上厕所，尽量少喝水，常常一干就是 8 个小时。

女子钻井队第一任队长茶玉珍与队员一起上井

1972 年，19 岁的匡本先任四川泸州气矿女子钻井队副司钻，图为起下钻中拉锚头

70 年代大旱，女钻工们端水打井

70 年代部分女钻工合影

女子钻井队第一任队长茶玉珍给队友们讲解钻头工作原理

70 年代女子钻井队的钻工们正在打井

1979 年女子钻井队解散前合影留念

司钻岗最为关键，对井下、设备、人员的安全起着决定性的作用。司钻工作时，必须目不转睛，精力高度集中，天热了咬牙坚持，天冷了就加件棉衣，蚊虫叮咬就多拍打几下，睡意袭来时就在眼皮和额头涂上风油精。副司钻赤手拉着滚烫的有毛刺的锚头，下班后手起泡、红肿，扎进不少毛刺。

钻工必须熟练灵活地推着近 300 千克重的吊钳，提着近 100 千克重的卡瓦，8 小时下来常常是腰酸背疼。柴油机房的女工不但要忍受震耳欲聋的机器轰鸣声，还要在夏季忍受柴油机散发的高温。由于常常在柴油里清洗零部件，手变得粗糙，裂开一道道口子……但她们没有叫一声苦，而是为自已能战斗在找油找气的第一线而自豪。

当年女子钻井队的女工们现在已过上了退休生活。首任指导员唐克碧，后来担任过四川石油管理局党委副书记、四川省委副书记、中华全国总工会女工部部长。退休后变卖北京住房，回四川省仪陇县老家修公路建养老院，被誉称“农民部长”。当过5年副队长的匡本先退休后，一直在石油老年大学舞蹈班和合唱班学习，圆了儿时的梦想，每年都要参加油田内外的各种汇报演出，还登上过重庆大剧院、重庆人民大礼堂等艺术圣殿进行表演。其他钻井队女工大多健在，过着幸福的退休生活。

2013年女子钻井队部分队员合影

党旗下，孩子笑靥如花

点击 3

关键词 爱传递

鲜花也有力量，它对抗冷漠；行动也有温度，它呼应良知。这是一个个普通而平凡的人的自主选择，在物欲横流中，他们选择质朴；在视而不见中，他们选择援助。在五百万石油人的大家庭里，像他们一样的人还有很多很多，他们，在行动、敢作为，把温度当力量，用良知播撒爱。

他们，有所行动

生态摄影爱好者、北大港湿地保护行动发起人和救助者马井生，其职业身份是中国石油大港石化公司的员工。

2006 年，北大港的春天，芦苇随风飘荡，雪化了，满地泥泞。马井生背着长枪短炮进入湿地，当地老百姓指着水面的方向说：“到处都是鸟儿，好多人喜欢拍这个。”

候鸟自成集群，群羽翩飞间，有人小声说起来，“别看现在鸟儿多，跟着来偷猎的也不少。下夹子、投毒，农药拌饵，一次就死十几只。”作为一名热心生态的人，马井生第一反应是关注天津北大港湿地保护工作，宣传湿地保护意义。

紧接着，马井生自发组织了大港油区摄影爱好者护鸟义务志愿队，连续 8 年配合农林、公安部门百余次深入湿地沼泽，清理“粘鸟网”，总长度足有上百公里，使北大港湿地保护工作取得了阶段性进展。

2012 年 11 月 11 日，500 多只东方白鹳的到来，给美丽的湿地增添了一道亮丽的风景，志愿者们纷至沓来尽情拍摄。但利欲熏心的不法分子对远方的“贵宾”下了毒手，美丽的湿地成为候鸟的葬身之地。志愿们第一时间报了警，公安、林业人员火速赶来。志愿者、民警、林业人员相互搀扶，踏过泥泞的沼泽，下到没至腰部的水里，救助已经奄奄一息、中了毒的东方白鹳。

东方白鹳体型大，平均重量 20 斤左右，泥泞的沼泽，志愿者每走一步都要付出巨大的体力，他们只能一只一只抱。志愿者们体力透支，身陷沼泽，无力站起时就跪在泥潭中，一步步往前挪动。经过5个多小时的奋战，志愿者和民警以接力的方式，共救助13只中毒的东方白鹳和3具鸟类尸体。

13只中毒的东方白鹳被送到天津市静海野生动物救助中心，志愿者和专家经过36小时催吐、注射解毒药等措施，白鹳终于脱离了生命危险。

一次救鸟行动初步告捷，谁也说不清参与救援的实际人数，很多人素不相识，都为了救助这些“人类的朋友”尽心竭力。

后来，大港油田爱鸟护鸟志愿者纷纷加入了天津市首个政府注册的民间志愿者协会——滨海新区湿地志愿者保护协会，在协会支持下，志愿者们带着皮划艇、望远镜、自行车等专业装备，在北大港湿地开展巡护和宣传工作。得力于原滨海新区大港工委的支持，北大港万亩鱼塘东南角设立了“爱鸟小屋”。但小屋一直没有通电，很不方便。2014年5月，天津市区的志愿者戈小阳老师向“爱鸟小屋”捐助了太阳能发电板，小屋从此用上了清洁能源，解决了照明、充电等问题，志愿者有望实现在湿地24小时值守，更好地给候鸟创造安全的迁徙环境。

上百名护鸟志愿者坚持开展爱鸟护鸟和环境清整活动，在湿地重点区域和北大港水库各个养殖区安装了警示牌，插放宣传旗，向鱼塘周边渔民发放爱鸟护鸟宣传单、宣传册、北大港湿地应急救援卡片等材料，遏制捕杀野生鸟类的违法行为。

在身体力行进行环保志愿行动的同时，马井生以笔为“利剑”，先后采写了《独流减河成为候鸟的屠宰场》《向罪恶的魔掌宣战》《没完没了的悲剧》等文章，刊登于《鸟网》《中国鸟类观察》《数码摄影》等国内大型杂志与网站，引起了广大生态爱好者的关注。《向罪恶的魔掌宣战》一文还引起了国家林业局野保司的高度重视，使天津北大港湿地保护工作得到了上级的支持。掀起了保护候鸟、构建和谐的热潮。

受马井生感染，大港油田实验中学教师王洪峰加入了护鸟队。除了工作，他几乎把所有的时间都奉献给了北大港湿地，在这片土地上担当候鸟的守护者。湿地中的每一处苇塘、每一块水洼、每一片滩涂，都留下了他深深的脚印。

为了保护和抢救国家濒危鸟类，王洪峰曾连续六天在湿地进行清网，解救候鸟；为了拍摄冬季留守的天鹅又不惊吓到它们，王洪峰不慎掉进冰窟窿；为解救一只受伤的白鹤归队，他和志愿者孙志忠等驱车千里送白鹤去沈阳湿地。

2014 年春节期间，北大港湿地滞留了几只东方白鹳，当时河面结冰，白鹳无法觅食。王洪峰发现后和另一名志愿者王玉良每天都去湿地，自己掏钱买鱼投喂。哪怕是在大年三十，王洪峰也顾不上在家中忙碌，一早就带着鱼来喂鸟，先让白鹳吃饱。

2013 年春季，马井生与同伴们开展了“保护北大港湿地，共建美丽滨海，美丽天津，美丽中国”百人骑行爱鸟大型公益宣传活动，在秋季开展“让候鸟飞，美丽天津”北大港湿地志愿者秋季巡护活动，北大港湿地爱鸟护鸟协会、大港油田单车俱乐部、大港摄影俱乐部的志愿者们和来自社会各

界的爱鸟人士等 300 余人积极参与。这次巡护活动，就是大港石油人在候鸟迁徙中说的“有所行动”。

青天一羽排云上，天鹤和白鹳低飞掠过头顶的样子非常震撼。野生动物保护者说，没有了野生动物，人类会变得很寂寞。

链　接：

鸟类羽姿优美，引人注目。在迁徙途中，人类能否与其友善相处，对它们的生存至关重要。

天津市最大的湿地自然保护区——北大港湿地，距渤海湾 6 公里，约占大港区面积的 39.7%。这块毗邻大港油田的北大港湿地是东亚至澳大利亚候鸟迁徙的必经之地。蔚蓝的天空，鸟儿自由飞翔。春秋两季，美丽优雅的天鹅静静地享受着温暖的阳光，这里是特殊过客的“天堂”。

据大港油田、大港石化爱鸟人士们观察统计，每年春秋两季，候鸟都会在北大港湿地停留休息，迁徙鸟类数量可达数十万只以上，140 余种，其中有国家一级、二级保护鸟类 23 种，东方白鹳最多时可达 800 只。

做公益不是做样子

很多人遇到需要帮助的人和该“出手”的事，多少会动了“恻隐”，然而有些人的“恻隐”来如奔马去如春梦，短暂又飘忽，公益组织要做的就是挽留住这可贵的爱心。

“这是我们去镇安县柴坪镇安坪小学给孩子们送过冬衣物”“这是不久前去汉阴县漩涡镇堰坪小学给孩子们送募集到的书”……高红平一边翻看着相片，一边叙述着一次次募捐和援助的经历，午后的阳光透过玻璃照在她微笑的脸上，温暖明亮。

高红平在长庆油田井下技术公司工程技术发展研究中心从事科技管理工作，她带领部门4名女同志，管理着全公司的科技信息，先后参与完成了多个国家级、集团公司级重大工程技术项目研究，曾获甘肃省“五一”巾帼奖。在同事眼里，她时尚、干练、能力强，是典型的“白骨精”，但她还有一个身份是西安宝石花志愿者公益服务中心创始人之一。

西安宝石花志愿者公益服务中心的前身是宝石花爱心志愿者联盟，创建于2008年汶川大地震期间。6年来，这个由长庆油田、川庆钻探员工以及社会爱心人士组成的民间公益组织，曾深入汶川地震灾区捐赠过救灾物资和救助金，也为陕南、甘肃、云南等地多所贫困小学捐助过电脑、体育器材、书籍等物品，还长期“一对一”资助着40余名贫困学生。因公益做得踏踏实实，2012年，他们获得长庆油田公司授予的“青年志愿者特别贡献奖”。

不能只是献点血、捐点钱就算了

“我不能只是献点儿血、捐点儿钱就算了。”2008年，当很多人还笼罩在汶川大地震的悲情中时，热衷公益的高红平采取了行动，她报名参加了由陕西省女工委组织的“红凤工程”，资助了2名地震灾区的贫困大学生。此时，十年前的老同事、同样热爱公益的郭超联系到她，提议联手发起一场向灾区献爱心的活动，把募集到的钱款和物资送到灾区去。

“我们是5月18日建起的泡泡群，当天就募集到上万元钱款。于是我们赶紧召开第一次特别会议，确定收集捐物的地点和要达到的目标，全程顺利得超乎想象！”郭超一回忆起这一呼百应的场景就激动不已。由于募集到的物资不断增加，高红平的“战场”由家里转移到了办公室，可最后还是放不下，群里的一名志愿者知道后，马上腾出一处30多平方米的地下室给大家当仓库，“就当献爱心”。

当捐款接近4万元之后，高红平和郭超以及群里的第一批志愿者赶紧投入到后续活动中。他们购买了用于搭建帐篷的彩条布和4吨挂面，把志愿者捐赠的衣物、奶粉、文具等搬上卡车。满满一卡车的物资怎么送？送往哪里？鉴于当时大量救灾力量和物资都朝汶川集中的情况，高红平和大伙儿一合计，准备把这车物资拉到同样受灾严重的甘肃陇南文县。

7名志愿者带着无数人的爱心启程了，一路上，地震、泥石流造成的危害扑面而来：“大部分民房都倒塌了，能坚持住的也成了危房，灾民们只能在简易篷里度日，什么都缺……”经与当地政府沟通后，捐助点定在了铁楼乡。志愿者安全返回后，高红平组织大家对此次活动进行了总结，为7天后再次深入甘肃成县进行捐赠打下了基础。

中国石油志愿者在陕南贫困学校开展助学活动

做主题公益项目，做出品牌号召力

全过程公开透明的捐赠方式有效提升了“宝石花爱心志愿者联盟”在社会上的知名度，许多人慕名而来，星星之火渐成燎原之势。随后几年，他们陆续开展了为玉树、雅安、舟曲等灾区捐款捐物的各种活动。

民间公益组织的良性成长离不开规范的运作，高红平和郭超早早就意识到这个问题。作为创始人和组织者，他们逐渐带领联盟由简单的捐款捐物向主题公益项目过渡。“做主题项目既可以做出我们的品牌号召力，又能让志愿者有明确的捐款目标，最重要的是可以把受助人群有效分类”。高红平在组织“我要上学”“关注失独者”“大型救灾”等各类公益主题活动中，看清了联盟未来的发展方向。

高红平为贫困山区的孩子们送去文具

2012 年，联盟启动针对贫困学生的“一对一”资助行动。他们通过网络、电视、报纸，不断寻找和发现需要帮助的学童，也有个别人或者组织会主动联系到他们寻求帮助。“我们当然不会盲目地发起援助，因为要对这个组织里众多的捐助者负责”。在收集到相关信息之后，高红平及团队会做更进一步的调研、求证，在多次深入相关学校、所在地村委会，甚至走进贫困孩子的家庭实地考察后，才会确定捐助名单。

在整理好贫困孩子的个人信息后，他们会分批次放出捐助名额，最让人暖心的是，名额往往一抢而空。在资助双方相互确认信息之后，由宝石花爱心志愿者联盟统一接收资助汇款，统一安排发放及监督使用，并向资助人提供发放凭证。让捐助者放心的是，联盟会在群里和博客里公示账目，全程公开透明。

2014 年，联盟介入对失独者群体的关注与关爱，成为国内首家吸纳和支持失独者自助群体的公益团队。2014 年 7 月，他们联合昆仑银行、长庆油田公司矿区服务处等单位 20 多名志愿者，带领 53 名失独老人、2 名孤儿前往临潼、青海湖等地开展互动，他们将这一活动的主题确定为“真心陪伴失独群体，牵手同行走出阴霾”。

把公益融入生活中，不要变成负担

2014 年 7 月，联盟在成立 6 年后经民政部门核准，由昔日的“宝石花爱心志愿者联盟”升级为“西安宝石花志愿者公益服务中心”。此时，高红平作为公益组织正规军的一名理事，感慨万千：最开始只是想做点儿力所能及的小事，真没想到能做这么大。

服务中心的志愿者多是油田工薪阶层，高红平与大家的共识是量力而行，“不要把公益变成负担”。有些成员因为生活发生变化、时间精力不允许，会退出两三年，生活压力缓解后，又会重回组织怀抱。“我们做公益的门槛很低，有衣服的捐衣服，有书的捐书，啥都没有就出把力。”高红平认为，最好的状态就是这样，“把公益融入生活当中，让志愿服务常态化。”

从最初的几个人单打独斗献爱心，到如今的 800 多人“抱团”做公益，这一路走来，高红平深谙个中甘苦，她说：“最开始周围的人不理解，坚持久了，大家才会明白，我们做公益不是做样子、出风头。”见识过爱心的力量，高红平知道，很多人遇到需要帮助的人和该“出手”的事，多少会动了“恻隐”，然而有些人的“恻隐”来如奔马去如春梦，短暂又飘忽，公益组织要做的就是挽留住这可贵的爱心。

2014 年 9 月 13 日，郭超和另外两名志愿者又从西安出发了，他们利用年休假期，带着筹集到的 8 万多元善款，驱车 1400 多公里，前往云南鲁甸地震灾区，为昭通仙人洞小学的孩子们送去桌椅、电脑和打印机。公益不简单，在长年累月跋山涉水的给予中，高红平和她的同伴们体会着公益的真谛：“每做完一件事，你都会感觉到自己带给别人的很少，得到了更多。”

链　接：

西安宝石花志愿者公益服务中心大事记：

2008 年

5 月，为汶川大地震重灾区甘肃文县捐助运送救灾物资。

6 月，为汶川大地震重灾区甘肃成县捐助运送救灾物资。

6 月，陕西省西安市灞桥麋鹿村，为 SOS 儿童村衣物书籍捐赠。

2009 年

5 月，参与中国扶贫基金会“寄一个包裹，送一份关爱”活动，为灾区 5 个学校的孩子送去关爱。

5 月，为陕西省紫阳县的紫黄小学捐赠 30 多台电脑，建立电脑教室。

5 月，为陕西省紫阳县全安小学捐赠体育角。

2010 年

3 月，参与红十字会图书捐赠。

8 月，为甘肃舟曲泥石流灾区捐款 20000 元。

2012 年

5 月，为宁夏盐池城西滩小学捐助图书。

5 月，陕西省泾源县香水镇上桥小学捐赠文具、书籍。

6 月，为青海民和县西沟乡贫困学生捐助运送衣物、书籍、文具。

11 月，陕西省宝鸡三泉希望小学公益捐赠。

2013年

5月，为四川雅安地震灾区公益捐款25000元。

5月，开展陕西省三原洪水小学一对一助学。

9月，捐助甘肃女孩慕园园实现大学梦。

12月，向甘肃庆城县蔡口乡、太白梁乡捐赠衣物，文具、书籍。

2014年

3月，开展陕西省安康市安坪小学一对一助学，文体用品捐赠。

5月，开展甘肃庆城县蔡口集乡高塬小学助学活动。

7月，组织陕西失独群体临潼、秦岭两日游活动。

8月3日，宝石花资助生的第一个夏令营。

9月，云南鲁甸捐赠助学活动。

季俊田和梅振生老人唠家常

季俊田：虽非自家老人，但情义在

季俊田，河南省商丘市睢阳区毛堌堆乡常庄村人，个子中等，家庭清贫。2003年中国石油河南销售公司招工，季俊田去了，他应聘的是加油工，工作地点在睢阳区毛堌堆加油站。

小时候季俊田经常到邻居梅振生家玩。“梅老爹，梅老爹！”他一声声唤，听得梅振生眉开眼笑。那时季俊田年纪小不懂事，只是大人在言谈中提起梅老爹，总是赞叹中带着惋惜，“哟！退伍回来的老梅啊，什么都好，什么都好！就是无儿无女啊，可能以后要苦点。”

从抗美援朝战场上回来的梅振生，原本身板硬朗，但时间慢慢流逝，步入老年后身体大不如前。曾经什么农活都能干的梅老爹开始行动不便，难以从事繁重的庄稼活。

这一切，季俊田都看在眼里。

幼年的记忆中，梅老爹总是从并不富裕的钱包里掏钱给季俊田买吃食，宠着、爱着他，像自家娃娃一样。梅老爹无亲无故，又一生未娶，孤身走在田埂上，背影总显得有点孤单。季俊田想起在小学堂里念过的圣贤书："老吾老以及人之老。"虽非自家老人，可情义始终都在。自那以后，季俊田把所有业余时间都放到了梅振生老人身上，给老人洗衣、做饭、收拾屋子，甚至洗脚、剪指甲。每逢过年过节，给父母送什么，季俊田肯定也要给梅老爹准备一份。

1995 年，季俊田结婚，分家另过，家产是两袋麦子。婚后头两年生活过得最苦。提起当初的苦，季俊田眼圈红了，"一年也见不到几个现钱，盐都买不起……"那时候，季俊田的爱人怀孕在身，买点白糖、红糖都是一种奢望。因为孕期营养不良，影响了胎儿发育，等到临盆生产时，爱人怀的龙凤胎只存活了一个女儿。说起这些，季俊田夫妇不愿回首："都过去了……就是觉得怪可惜的。"

即使在那种贫困的情况下，季俊田也没有舍下老人不顾，"有我吃的就有梅老爹吃的"，粗粮稀汤，季俊田夫妇与梅振生老人一起挺了过来。

2003 年，季俊田进入中国石油河南销售公司工作，商丘销售分公司工会了解到他的家庭情况后，把他纳入帮扶的困难家庭名单。

生活条件逐渐好转的季俊田对梅振生老人照顾得更加细心了。梅老爹的房子与季俊田家紧挨着，只要听见隔壁有动静，不管是否睡下，季俊田都要过去看一看。有时侯为了更好地照顾老人，季俊田会把老人接到家里住上一阵子。房子不大，季俊田就搬到了加油站住，给老人腾出一间专门的屋子。

季俊田对梅老爹就像对待亲生父母，耳濡目染，他的孩子也对老人有了很深的感情。中秋节，季俊田夫妇给老人送月饼时，小孩们总是争先恐后地跟着去，一路蹦跳，学着爸妈的样，亲自给梅爷爷送月饼。

乡亲们都说季俊田太不容易，这么多年照顾老人，梅老爹病了，还拉着四处求医，许多人对待自己的亲生父亲也没这么用心。季俊田笑着摇头，大道理他不会讲，只是知道别人对他好了，他就有理由回报。老吾老以及人之老，他做的不过是一点小事，只是一坚持就想的是一辈子。

冯春给班上的兄弟们讲解设备操作

冯春：送饭，这是很自然的事

最近，冯春纳闷儿了，为什么是我？刚荣获“集团公司百佳爱心人士”称号的他，发出这样的疑问。在四川遂宁二井沟这个号称“好汉坡”的地方工作了 23 年，一直默默无闻的冯春在 2013 年成了焦点人物，这让他有点儿无所适从。

其实这是个普通得不能再普通的故事，没有英雄壮举，没有波澜壮阔，甚至还有些索然无味，然而，却因为细水长流而倍显珍贵。

十年前的偶然相识

十年前一次偶然的相逢，为故事埋下了伏笔。

2003 年，原四川石油管理局川中矿区还处于重组之前的状态，年将 30

岁的冯春在川中机械厂车间当一名普通工人。那时的他已经过了年少不更事的年龄，对工作充满热情，迫切地想要学习新知识、了解新工艺、掌握新技术，以使自己能凭本事在车间立足。

冯春少言寡语，干工作老实本分，脏活、累活都抢着干，单薄的身板总是在车间各个角落不停地忙活，为人也真诚、谦逊，尊师重道，只要他在，师傅们的茶水绝对不断……目的只有一个——师傅们，有啥绝活千万别藏着掖着，拜托你们倾囊相授啊！因为踏实的工作态度和不怕苦不怕累的工作作风，冯春得到了车间老师傅们的“真传”，练就了一身过硬的本领，车、焊、钳、切技术门门精通，迅速成为了车间里的技术骨干，深受老师傅们的赏识。

车间的女技术员蒋启珍和冯春是好“哥们儿”，她诚挚地建议冯春，不能只在车间“摸爬滚打”，要想技术水平更上一个台阶，还得丰富理论知识，要向工艺技术室的那帮“高人”多请教。蒋启珍的一番话，犹如一块巨石重重地压在了冯春的心口。

冯春只有初中文化水平，认为自己只能在车间干脏活、下苦力。再苦再累，有的是力气，但要让他与工艺技术室的知识分子们打交道，他心里真的有点怵。

为了鼓励冯春走出第一步，蒋启珍生拉活拽地领着他踏入了工艺技术室的大门。一进工艺技术室，冯春看呆了，一帮子人画图的画图，做实验的做实验，一派学者风范。“这是我兄弟冯春，以后就拜托你们多赐教！”蒋启珍扯着嗓子一喊，人便一窝蜂围了过来，握手的握手，发烟的发烟，那股热情劲儿与之前的“学者派”判若两人，让冯春瞬间有了一种“兄弟情深，相见恨晚”之感。同时，冯春注意到，窗边坐着一个年龄相仿的小伙子，只是默默地看着眼前的一切，四目相对，淡淡一笑，再无下文。

从此后，冯春便成了工艺技术室的常客。每天他照常在车间上班，一

冯春和阎永林一起吃午饭

到了中午下班时间，他就和工艺技术室的“哥们儿”一起去食堂打饭，一边吃一边请教工作中遇到的技术难题。通过一个星期的接触，他发现第一天见面时坐在窗边那个兄弟每天都不去打饭，全是工艺技术室的其他弟兄们帮他打回来吃，这让他不解了，是工作真的很忙还是孤僻啊？

终于，工艺技术室的兄弟们告诉了他其中缘由。这个人是工艺技术室工程师阎永林，1995年从西南石油大学矿机系毕业后便分配到机械厂工作，技术水平很高。但他自出生就患上了一种叫“全身性肌肉萎缩症”的先天性疾病，该病会随年龄的增长全身肌肉发生萎缩，是无法治愈的疾病。近几年，阎永林病情慢慢开始恶化，逐渐出现了行动不便的现象，上坡行走非常吃力，中午到食堂的路，别人只需要几分钟，他却要走十多分钟，因此，大家自发为他送饭。

得知了阎永林的病情后，冯春被他身残志坚的精神深深打动，那从以后，冯春对阎永林有了一份特殊的尊重。

这是很自然的事儿

转眼间到了2005年，专业化重组改革如火如荼，川中矿区机械厂通过重组，变成了今天的川庆钻探川西钻探公司机械厂，工艺技术室绝大部分员工在分流整合中去了广汉，原来的兄弟们也都东奔西走，只有阎永林，由于身体不便，组织上将他留在了川西钻探公司机械厂工艺技术室，而冯春，依然留在了川西钻探公司机械厂车间。

一切都成了很自然的事，冯春成为了阎永林的“专职”送饭人，两个人也因为一路走来的信任成为了铁哥们儿、好兄弟。

“这是很自然的事，原来工艺室的兄弟们都走了，我当然要接过给他送饭这个接力棒，这点举手之劳算什么？”说起为阎永林送饭的原因，冯春显得很惊诧——这个事需要原因吗?

2006年的一天，阎永林和往常一样来上班，在走到一个台阶时，他突然觉得腿部失去了力量，重重地摔在了地上。这一次，阎永林的病情急剧恶化，几乎失去了独立行走的能力。

那天以后，冯春和工艺技术室的兄弟们做了一个重要的决定，大家轮流接送阎永林上下班，不让阎永林再跌倒一次。其实当时阎永林完全可以请病假在家休养，领导也找他谈过话，征求他的意见。然而，阎永林用短短的一句话回绝了领导的好意——我不会让病情拖工作的后腿。

每到冯春接送阎永林的日子，他一定起个大早，在楼下等待“包月”接送阎永林的车出现，然后到阎永林家门口，从阎永林的父亲手中接过阎永林，扶上车坐好，系上安全带，一起到厂区，再把阎永林背到办公室，交给工艺技术室的兄弟们，自己再跑步到车间，换工衣，开早会，进入工作状态。到了中午12点，他准时跑到食堂，食堂打饭窗口的大姐早就给他准备好了两个盒饭，他接过盒饭，步行到工艺技术室，和阎永林一起，一边吃饭一边聊天，直到中午休息时间结束。下午下班，他准时换好便装，到工艺技术室背上阎永林，扶到车上坐好，把他送到家门口，交给他父亲，自己再回家。如果碰到冯春他们车间加工班有急件要加工，他就只有麻烦工艺技术室的其他兄弟帮自己顶一天“班”了。

从车间到食堂再到工艺技术室的距离有800余米，8年多来，他光为阎永林送饭就走了上千公里路，有人曾经问他：“是什么让你坚持这么久？图啥？”他平淡一笑：“都是兄弟，举手之劳不足为谈，我不做，其他同事同样会这样做。”

爱的传递

“我看你肯学又肯吃苦，当年怎么不多读几年书考个大学拿个文凭，怎么那么早就参加工作了？”有一次，阎永林有点惋惜地问冯春。冯春一时间陷入了沉默，缓了一阵，他才告诉阎永林实情。

1990年，冯春还不满16岁，刚初中毕业，在那个暑假，冯春和很多同龄人一样，快乐地享受假期，每天做完暑假作业就和朋友们去游泳、去野炊，去做那个青春年华能带给自己幸福感的一切事情。

然而，不幸降临。就在一个黄昏，冯春像往常一样游完泳哼着小曲回到家中，可家门口的花圈一个接一个，家里来了好多人，父亲单位的李伯伯、黄叔叔、陈爷爷都来了，看着年少的冯春，纷纷投来悲伤、同情的目光，都用手轻轻地拍拍他的后背、摸摸他的头，并喃喃地说着“孩子，坚强点”之类的话。

冯春心中填满了不安，一种不祥的感觉迅速侵蚀了全身每个细胞。走进家里，父亲黑白的肖像挂在正中央，上面挂着黑纱，周围扎满了白花，

冯春在送饭的路上

母亲在椅子上嚎啕大哭，年少不懂事的妹妹不知所措地站在一旁。母亲转过身来，一把把他拽入怀里，哭得撕心裂肺，他也跟着母亲一起，哭得昏天黑地，他不知道怎么会这样，但他已经知道一个事实，父亲永远都离开了他们。

父亲的离开是因为工作中的意外，一夜之间，这个家失去了顶梁柱。母亲是家属，收入原本就不高，妹妹还在读小学，这个家必须要有个男人来支撑。冯春忍住悲伤，挺起胸膛告诉母亲，他决定退学，工作养家，供妹妹读书。

冯春告诉阎永林："我是在大家的帮助下成长起来的人，没有大家的帮助，我不可能过着今天的生活，所以呀，帮你，没商量。"

从那以后，冯春和阎永林的情义更深了。阎永林将自己所学全部传授给冯春，冯春也把阎永林当成了亲兄弟，全力以赴照顾他，力争做到最好。

家庭和兄弟一样重要

2008 年 5 月 12 日，汶川发生了 8.0 级特大地震，川中遂宁震感明显。

地震发生的那一刻，冯春正在车间里加工急件，突如其来的地震让整个车间摇得“乒乒乓乓”直响，车间上空的行车、游车在不停地“画圈”。冯春立刻关掉车床电源，飞快地跑出厂房，朝工艺技术室奔去。

当他到达工艺技术室楼下时，阎永林已经被同事背了下来，正坐在空旷处。冯春冲过去问道：“兄弟，没事吧？有没有摔着碰着？”旁边工艺技术室的同事们都笑了，“冯春，你的兄弟也是我们的兄弟，哪能让他碰着！”

此时阎永林焦急地说：“不知道我爸妈怎么样，他们住的可是老房子啊！”冯春一听，说：“你别急，我马上去看看。”说完借过一辆自行车，朝阎永林家飞奔而去。冯春到了阎永林家楼下，看到两个老人家在楼下安然无恙，向他们报了平安后，又赶忙回到厂里。

刚到厂里，车间主任杨秋林冲过来对他一阵咆哮：“冯春！你跑哪里去了，那么大的地震，车间清点人数，就你不在，你想吓死人啊？！”

杨秋林身后，冯春的爱人牵着女儿站在不远处，“地震了，我给你打电话打不通，马上赶到学校去接女儿，然后带女儿一起来车间找你，结果他们说一地震就没看到你……”爱人红着眼睛哭得一塌糊涂，女儿也边哭边喊“爸爸”，冯春一把揽过爱人，哽咽着说：“对不起，对不起，让你们担心了！”

2009 年的一天中午，冯春接到爱人吴玉双打来的电话，说孩子发高烧，让冯春回家与她一起带孩子去医院看病。冯春听后告诉她工艺技术室的员工都去外地交流学习去了，中午只有他能给阎永林送饭，所以要等他把饭送到后才能去医院。

但孩子正在发着高烧，哪里能耽误病情，吴玉双独自背着发烧的孩子打车到医院，在挂号处排起长龙。看病、打针、取药，忙得手足无措，医院里的医生以同情的目光看着母女二人，还以为她们是离异家庭。丈夫关键时候不在，吴玉双流下了委屈的泪水。

之后吴玉双和冯春大吵了一架，带着孩子赌气回了娘家。阎永林得知后很过意不去，坚决不让冯春送饭了，说自己会想办法，不能因为为他送饭而影响冯春的家庭关系。冯春坚决不同意，他说："夫妻为一件小事吵架很正常，牙齿和嘴唇那样好，有时还不是要打架呢！"

最后，据说冯春向爱人保证，一定不会再因为给阎永林送饭耽误家里的事情，一切要以家庭为重。吴玉双看到冯春做保证时认真的样子，噗嗤一声笑了，她说："我早就消气了，你这也是做好事，我当然支持，不过你下次能不能不要那么死脑筋，家里有急事你就叫你们车间里的同事帮忙送下，人之常情，不可能不帮忙啊，这样一来，不是两头都顾上了吗？"

2010 年，阎永林的父亲病逝，那一段时间，冯春与爱人一起，力所能及地给阎永林和他的家庭以帮助。冯春的爱人一有时间就到阎永林家里，和他的妈妈一起买菜做饭唠叨家常。夫妻双双上阵帮助阎永林家的事情，一时间在厂里传为佳话。

冯班长就是我们厂里的"万金油"

机械厂加工班承担着为整个川西钻探公司 48 部钻机、18 部试油钻机加工维修件的任务，全班共管理 40 多台套加工设备，班组人均管理 3 套以上，人少，设备多，任务重，没有节假日，经常加班加点，工作量特别大。

作为机械厂加工班的班长，厂里的人都叫冯春"冯万能"。

“冯班长他技术好，知识面广，又热心，什么都懂，什么都肯帮！”加工班的车工汪光富如是说。

“他就像一个铁人，工作起来总是全身心投入，累不垮似的。”在加工班，冯春是一班之长，干起工作来首当其冲，给每个员工留下了深刻的印象。

冯春多次被川西钻探公司评为先进生产者。在加工班，冯春的技术最全面，机械手操作、加工件焊接、线切割、热处理等新工艺对他来说都不在话下。他经常放下钻床又到车床，车床上的活儿一干完，又操作起铣床来，不说累不言苦。

他一个人能够安全、熟练操作班组 40 多套设备，大家都送他一个“万金油”的称号。他是新工艺掌握、新设备使用的排头兵，敢做第一个“吃螃蟹”的人。通过钻研，他成功运用新设备等离子全自动切割机，将传统割和刨两道工序合二为一，大幅度提高了加工效率，加工全套工序所耗时比原来少 3 小时，此项工艺每年可为该厂节约加工费 40 万元左右。

提供后勤支撑保障是加工班的基本责任，“三快、三保、三不过夜”是加工班的服务宗旨，冯春带领加工班的同事安全、优质、快速地完成各种急、难、重任务，率先进入川西钻探公司“五型班组”行列，并且每年被公司评为设备管理先进班组。

加工班副班长曾国辉透露，冯春带领加工班长期放弃年休假，经常挑灯夜战，保证了前线工作的顺利开展。

每个周末，冯春的爱人有事的时候，冯春就会带着女儿来加班，女儿在车间办公室写作业，冯春在车间里忙碌，上演了现实版的“上阵不离父女兵”。

帮助人的和被帮助的都是英雄

“帮助人的和被帮助的都是英雄！”机械厂党委书记曾祥春这样评价冯春和阎永林。

回过头来看，八年光阴如白驹过隙，弹指一挥间，然而，在这八年里坚持做一件好事，难能可贵。

这八年来，冯春坚持给阎永林送饭，坚持与工艺技术室的兄弟一起，担负起接送阎永林上下班的任务，是一个英雄所为。

这八年来，阎永林身残志坚，坚持上班，通过绘制一张张图纸为厂里作出贡献，同样是英雄所举。

“为什么是我？”冯春疑惑，其实，必然是“你”，因为“你”不是单一的一个人，“你”是给予阎永林帮助的群体缩影，因“你”的存在，才让人们看到了人心最美丽的风景。

郭萍：看到一个个孩子都有学上，我就快乐

她是中国石油兰州石化公司的普通一员，她自己出资为一所小学捐赠了价值 3 万余元的图书，她的抽屉里珍藏着 100 多封被她帮助过孩子的信，她在西北的山沟河谷间行程上万公里，她是 919 名贫困学生的“助学姐姐”——她叫郭萍。

助学的念头源于郭萍儿时的一个心愿。上小学时，她偶然在学校报栏里看到一张海报，画面上是一个手握铅笔头的小女孩，坐在一间草房的门槛上，尤其海报名——“我要上学”这四个字，深深地刺痛了郭萍幼小的心灵。在她天真无邪的想法里，与她同龄的孩子都可以快乐地走进校园，这时她才突然意识到，对于贫困地区的儿童来说，上学是那么遥不可及的梦想。郭萍暗暗许下心愿：长大以后，要尽己所能，为那些上不起学的孩子们圆读书梦！

时光飞逝，2007 年 6 月的一天，郭萍从朋友那里得知白银市平川区有名叫何鑫的四年级小学生，因为家境贫寒而辍学。郭萍立即打听孩子的具体信息和联系方式，为他送去了下一个学年的学费，并鼓励他好好读书。当失学已半年的孩子知道自己可以重返校园时，紧紧牵着这个大姐姐的手不放开，孩子掌心的温度，更加坚定了郭萍走上助学道路的决心。

从那以后，郭萍开始更多地关注起贫困的失学儿童。甘肃很多县、区由于地理位置偏僻、经济发展滞后，面临失学问题的贫困学生不在少数。“希望每个孩子都能有学上，有书读！”郭萍萌生了做助学义工的念头。

2007 年 9 月，经过多方了解，郭萍找到一家由志愿者自发成立的名为“蓝天助学”的助学网站，这家网站专门为甘肃省内贫困学生提供一对一助学、物品捐赠及为贫困学生捐赠图书室等帮助。很快，郭萍成为网站的一名志愿者。

最初，由于人员及资源有限，网站固定捐助的只有平凉、庆阳这两个学区，能帮助的范围也就相对受限。“要尽可能帮助更多的孩子”，郭萍开始思考如何拓展学区。她和她的义工朋友们，利用周末时间，从离兰州市区最近的榆中入手，开始了对贫困学生的生活和学习情况实地走访。贫困学生的家庭多数地处偏远山区，路遥途艰，每天早上六点，郭萍带一瓶水和一个大饼就动身了。

从兰州先乘坐大巴车，还算省力，可到了乡间土路，想搭个摩托车都难，基本上要靠走路。山区的土路，天晴时尘土漫天，下雨时满地泥泞，徒步走上几个小时，眼睛被风和土吹得泪流不止，脚底也磨出了大泡。

通常得花费五六个小时，才能到达贫困学生的家。郭萍顾不得身体的劳累，以最快速度投入工作：询问学生家庭状况、填写家庭资料表、采集照片。每一次走访，来回十几个小时。

就这样，郭萍奔波在走访贫困学生的路上。每次助学调查来回都是二三百公里的路程，粗略估算，几年下来，郭萍在西北的大山中走过的路程已有近万公里。因为她的走访，助学区域得以扩大。榆中、会宁两个学区的失学儿童从此有了新的希望。

随着郭萍助学工作的深入，她帮助过或经她牵线得到捐助的学生，都亲切地叫她“助学姐姐”，时常给她写信，表达对她的感谢，汇报最近的学习情况。郭萍有信必回，在信中不断鼓励他们好好学习。

在郭萍和同伴们的努力下，“蓝天助学”先后成功地发展了平凉、庆阳、榆中、白银、天祝、会宁等 6 个学区，实现了对 919 名贫困小学生、中学生的结对捐助。据不完全统计，该项目的助学总额已达 189 万元，为贫困地区小学或中学建立了 69 个图书室。与此同时，来自各地的学习用具、衣服等物资捐助也多达 70 余次。

郭萍自己出资为甘肃省会宁县侯川乡中心小学建了一所图书室，为那里的孩子们送去了包括数学、地理、历史、文学等方面的价值 3 万余元的近 1000 册图书。

“看到一个个孩子都有学上，我就觉得很快乐了。”“助学姐姐”谦虚地说。然而事实并非这么简单，郭萍为孩子们打开的不止是一间教室，更是通向新世界的大门。

赵婷：不评选好人了，才不缺好人

1994年一个冬天的早上，青海油田格尔木炼油厂动力车间的赵婷下了夜班回到宿舍，打算洗漱完就睡觉，这时收音机里传来了一个消息……一个山区里的孩子摸黑到15里外的学校去上学，路上遇到了狼，家人赶到时，只有一双小鞋散落在山坡……那一天，赵婷睁着眼睛躺了一天，眼前不断晃动着那悲惨的一幕，泪水顺着眼角打湿了被角。那天，她想起来了小时候的事，她陪着母亲带着得了病的妹妹到外地治疗，人生地不熟，在困难的情况下得到了很多人帮助，有的人帮助她们去挂号，有的人帮助她们购买生活用品，有的人借给她们脸盆、热水瓶，有的人专门从家里给妹妹做可口的饭菜。那一天，几乎没有犹豫，她为自己做了一个选择。

3个月后，在中国青少年发展基金会的安排下，赵婷以一对一结对子的方式资助了第一名贫困山区失学的孩子。谁都没有想到，从这一天开始，她以结对子的方式先后资助了5名因家庭贫困的失学孩子，在公益和慈善的道路上整整奔波了18年。

这样的奔波很平常，只要愿意，几乎所有人也可以选择这样的奔波。但是选择这样奔波的人却实在不多，因为在时空上被扩大到18年时，它需要具备恒久善良的心、锲而不舍的信念和忍受痛苦的淡泊。

资助第一个失学孩子的时候，赵婷工作不过刚刚两年，才从学徒工转为正式工，月工资不过400钱，每月30块钱在有些人的眼里不多，但对于她却意味着需要节衣缩食。后来，工资增加了，她捐款的数量也相应增加了，不仅结对子资助失学儿童，还向中国妇女基金会以及红十字会等慈善机构捐款，帮助其他需要帮助的人，仍然需要节衣缩食。她有两张银行卡：一张是工资卡，里面存放着上个月的工资；一张是储蓄卡，里面只有2000元钱，以备急需。她家中的电视机至少已经有10年了，沙发还是10多年前的老沙发，在电脑已经成为家庭必备品的大趋势下，她却寒酸地没有一台属于自己的电脑，她说，那太奢侈了。2008年汶川大地震，她一次就捐了7000元钱。可当时她穿在身上的一件运动服却已经泛着毛球，是她二姐穿过了送给她的。

人们猜疑的目光也考验着赵婷的慈善之路。最初，有人说她是赶时髦，坚持不了多长时间。当她坚持下来的时候，有人说她这么做是为了吸引别人的眼球，有不纯的功利动机。再后来，有人又说她有点傻，辛辛苦苦挣来的钱，不去买包，不去买电器，不去买名牌衣服，却送给那些不相识的人。

甚至，被资助者的情况也隐隐地刺痛着赵婷的心。那些被资助的孩子有些学习情况不是那么好；有的孩子在她进行资助的时候又辍学了。海南省屯昌县一位姓孟的同学，在小学快要毕业的时候，突然没了音信。她写了很多信给他，情真意切地鼓励他一定要读完小学。赵婷甚至还写信给这所学校的校长，让学校找回孩子。可是无论赵婷怎么努力，那位同学，最终还是失学了。

但是，正是因为有了磨难，有了冰雪、有了风寒，她的选择和跋涉，才具备了纯粹和高尚的意义。

第一个受资助孩子的信来了：“……赵婷姐姐，我收到了你寄来的钱和信，有你的帮助以后我不会失学了，以后，我一定听老师的话，好好学习，用优良的成绩来报答你……”

第二个孩子的信来了：“……赵婷姐姐，我用你寄来的钱买了一个新书包和文具，我好高兴……”

宁夏盐池县的王玫芳，是赵婷资助时间最长的一个，从小学一年级一直到高中毕业，整整 12 年。为了筹足王玫芳高中时的书本费、学杂费，赵婷不仅自己倾尽全力捐款，还发动家人一起捐款。在赵婷的帮助下，王玫芳最终以优异的成绩考上了大学……

很多不认识的人给赵婷写来了信，有的向她表达敬重，有的鼓励她坚持走下去，有的告诉她，自己已经向贫困山区的儿童捐出了第一笔款……

这一切温暖着赵婷的心，这一切坚定着赵婷的信念。

别人说，够了够了，她已经做得足够多，足够好了，可是赵婷觉得不够，这个世界上需要帮助的人太多，这个世界上能够行善的方式也很多。2006 年夏天，在成都熙熙攘攘的人流中，她开始走向标着红十字的献血车，挽起了自己衣袖，让殷红的血一次又一次注入垂危的生命。

爱的轨迹可以再延伸吗？生命的意义可以再广博吗？2009 年，在参加了一次“为 14 岁以下白血病儿童捐献骨髓”的宣传后，她毅然在中华骨髓库留下了自己的血型，成为一名骨髓捐献志愿者。2012 年 4 月，四川红十字造血干细胞国家骨髓库打来电话，告诉她一位 7 岁的白血病小男孩儿与她的血液配型成功，如果她愿意捐献骨髓，手术的最佳时间可以定在 7 月底 8 月初。

尽管现代科学已经有力地证明，一个人捐助少量的骨髓不会对人体造成伤害，但在我们这个有“身体发肤受之父母”的传统国度里，捐献骨髓对大多数人来说是不可想象的。

一向支持她做善事好事的妈妈也破例反对了。妈妈在前往孩子所在的华西医院探望后打来电话说，“这个孩子的病情确实很严重，但是我不同意你捐献骨髓，如果你身体出了什么状况，妈妈怎么办？”

同样的问题也曾困惑过赵婷，让她长夜难眠。但她最后决定捐献自己的骨髓，因为她知道血液的配型中，匹配率仅有万分之一，如果她放弃捐献，这个小男孩很可能需要 3 ～ 5 年才能找到另一个血液能匹配的捐献者，但小男孩也许等不到这么久了。

赵婷走出了最勇敢的一步，她说服了妈妈和其他亲友，来到成都华西医院接受骨髓移植。那些天，她害怕吗？她说害怕。尽管医生做了保证，她仍然害怕自己的眼睛在新一轮太阳升起的时候再也不会睁开。然而为了让家人放心，她却装作坚强无比，大声说笑，幽默地讲故事，快乐地来回走动。

2012 年 8 月 6 日早晨 8 时许，赵婷进入了全麻状态，医生将针管扎向她第七节脊椎骨缝中，随即 10 克透明液体缓缓进入了躺在另一张病床上的小男孩的体内。那仅仅是 10 克骨髓吗？是的！但又不是，那还是蓝天、是阳光，是对生命最深刻的尊重！

8 月 10 日，受捐赠的小男孩儿来到了赵婷的病床边，高兴地又蹦又跳，小男孩说：“姐姐，我终于可以去外面看看太阳看看雨看看大树和小草了。”那一刻，赵婷觉得好心酸又好幸福，那一刻她觉得自己收获已经远远超过了付出。

2012 年初冬时节，赵婷进入了“青海好人”候选人行列，听到这个消息，她并没有表现出特别的高兴，她说：“我只是做了一些普通的事，一些力所能及的事，并没有特别之处。我希望以后再也不要进行这样的评选，因为不评选了，才能说明这个社会的好人不稀缺了！”

点击4

关键词 油概念

概念好似浮光掠影，需要细细琢磨，方能洞悉万千内涵；概念又似言不由衷，需要再三追问，方可明了语间洞天。在概念里，你能看到表，也能感到里；你看到光影，更看到事实；你能看到心情，还能看到状态；是的，你看到的，是具体而微的石油及它背后的人。

能源舰队

这些“舰队”不巡弋在蓝色海洋上，而是固守在戈壁、沙漠、荒原深处。这些“舰队”不配备武器，但为真正的舰队提供动力。这些“舰队”需要更高的科技、大量的投入，具有很大的风险。在这些“舰队”工作，要穿红色工衣、佩戴安全帽，不仅需要特殊的技能，还需要坚持和信念。

能源舰队——散落在大山大河中的地面石油天然气基地，默默无闻，承担厚望，为工业续航，为人民保安康。

人拉肩扛

50多年前，是王铁人带领石油工人人拉肩扛搬钻机。现在工作条件好了，技术进步了，但遇到连机械都无法进入的自然环境，我们又见人拉肩扛。

秋里塔格，在维吾尔语里是“戈壁大山”的意思，位于天山南麓，最大悬崖超过900米，被称为塔里木最复杂的山地。当地人说起秋里塔格，总是摇头：“不，那里连黄羊和雄鹰都去不了。”

断崖林立，沟壑纵横，却总有星星点点的红色穿行于断崖与沟壑之间。他们是东方物探塔里木物探处247队的队员们。山高路陡，基本没有路。队长董刚无奈地说：“秋里塔格是库车山地勘探最难啃的硬骨头。以前都采用飞机支持勘探作业，我们也联系了好几家航空公司，对方一听是秋里塔格，当即就拒绝了。”

都说勘探是石油开发的先锋，那么测量就是先锋的先锋。没有飞机支持，哪怕是仅仅靠人拉肩扛，247队也迎难而上。

在这里，一条测线，穿过大的断崖至少有两个，小的断崖多得数不过来。队员们每天扛着工具，从山下到山上，光爬山就需要3个小时。而真正干测量工作，却只有2～3个小时，一天只能干600～700米。

测量组带着午饭、带着水，每天爬上爬下，一点点地丈量秋里塔格大山。有时，为了一个采集点的资料，队员们几上几下，反复攀登。

老照片

有一些娃娃，是在井场边、磕头机旁闻着石油味长大的。父辈来自全国各地，讲着南腔北调的方言，而自己却说着油田普通话。

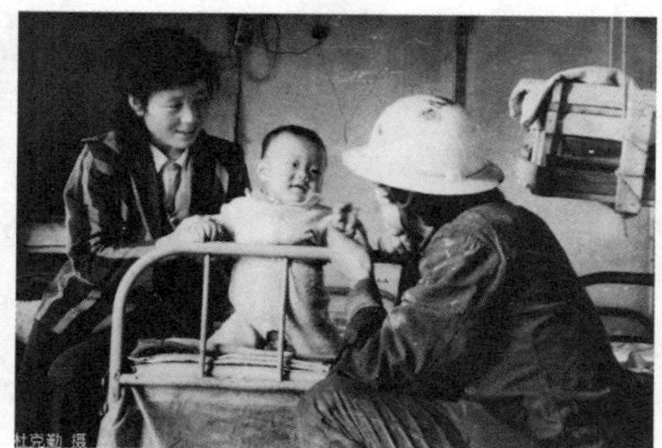
在钻井队出生

在钻杆上学步

在油区中长大

在泥地里搭钻机

在井场给爸爸当“助手”

在草地上、羊群边做游戏

在井架边玩耍

在沙地里追逐小动物

在无边的天空下释放天性

住的是低矮的“干打垒”，看着简陋，住着也是四处露风。坐在门前的小板凳上，和妈妈一起等爸爸下班，是一件幸福的事

井场是小伙伴读书的好地方，别管什么书，别管是坐着还是趴着，看起书来大家都非常认真

上学都是在农村，房子不大，没有课桌，一块黑板，几条板凳，就是一个课堂

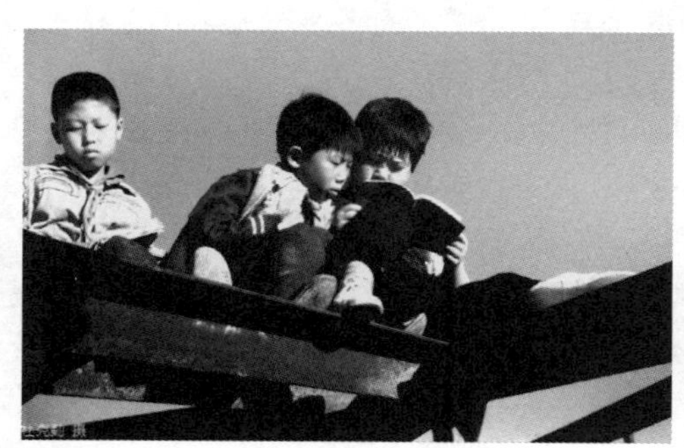
不是淘气，是坐在井架上学习，成了孩子们的“爱好”

无论远近，基本靠走，上学时偶尔搭上拖拉机，孩子们兴奋得坐不下来

除了春节，“六一”儿童节是孩子们最快乐的节日，自己排练点小节目，其乐无穷

爸爸妈妈工作很忙，幼儿园是另一个家，这里的老师就像妈妈一样

链 接:

杜克勤，长庆油田公司第三采油厂员工。1977年参加工作，干过采油、测井。业余时间，杜克勤爱好新闻写作和摄影，其文字作品先后发表在《长庆石油报》《中国石油报》《宁夏日报》《宁夏画报》等刊物，被多家新闻单位评为“优秀通讯员”，他的摄影作品多次获得国家级、省级奖项。

2000 年杜克勤加入宁夏摄影家协会、中国石油摄影协会。2003 年，杜克勤被《中国石油报》《中国化工报》聘为特约记者。2008 年被搜狐网站评为年度“十佳人文摄影师”。2009 年 1 月，陕西省人民美术出版社出版发行了杜克勤摄影作品集《油影斑斓》。

多年从事摄影工作，让杜克勤有着这样的摄影感悟：“摄影使我徜徉在光影的世界里，感悟人生，定格真善美，使生活充实而快乐。”他记录着时光的变迁，用镜头感染他人，用胶片回忆青春。

今夕何夕

20 世纪 80 年代初期，邵轩所在的 6042 钻井队在宁夏盐池钻探天池构造的天深 1 井，住的是干打垒，钻井设备是从罗马尼亚引进的 6000 米大钻。钻井队三班倒，下夜班也不休息。作为 6042 队的首任团支部书记，一有空闲，邵轩要么办每周一期的黑板报，要么到高沙窝公社学校找音乐老师学新歌曲，回队后再教给年轻人唱，或办个舞会什么的，一天到晚根本不知道什么是愁。

因为团的活动和宣传工作搞得好，钻井队受到上级部门的表扬，邵轩在钻井队转入内蒙古临河区域会战时，被留在单位机关帮忙，随后改行干起了政工。由此，邵轩的命运发生了变化，紧紧拴在宣传部门。写报道、拍照片、办橱窗、整理典型材料、参加相关会议，然后娶妻生子，岁月流淌，步入不惑之年。

20 世纪 90 年代中期，长庆油田各单位都在生活基地大力推广闭路电视系统和自办电视新闻节目。作为有摄影一技之长的邵轩，被单位领导指派去干摄像加电视编辑的工作，这一干就是 10 年光景。下基层采访、上钻台拍片、攀井架取景、进机房制作，邵轩精力旺盛干劲十足，同时，养成了在现场处理文稿并同步采集影像的好习惯，于是也就留下了好几本图文素材。

回忆过去，对比现在，时代在发展，社会在进步。前些日子，有人在网络上转发了一组与石油工人有关的帖子，表现的都是生活条件如何艰苦、工作环境咋样恶劣，工人从头到脚都是油污，只能看清眼睛和牙齿的画面，看后令人心酸。

邵轩想，发帖者并不一定了解现在的钻井队，也不知道钻井队几十年来发生的变化。邵轩在钻井生产单位工作了 30 多年，耳闻目睹了钻井队的不少变化，为此，抽空翻阅 30 年前的黑白照片资料，并且结合 2000 年以来自己拍摄的部分相对应的彩色照片，组织了这样一组对比照。

邵轩的感悟是，现在钻井队首先从安全管理方面有了长足的进步。工作区域内无关人员不得进入，工作人员劳保护具穿戴必须齐全。大家进入井场拍照时，安全员必定要进行一次安全教育，提示井场内的注意事项，并跟随采访过程。30 年前的钻井队，在安全管理上与现在的差距还是很大的。

钻井技术革命更是了不得。金刚石钻头更迭了几代，适合不同地层的钻井液成为钻井时的秘密武器，钻井工具到技术方案及措施不断优化，单队年进尺纪录不断刷新。随着钻井主体设备设施及辅助设备设施的逐步更新，极大地降低了员工的劳动强度。

更值得一提的是，针对陕甘宁盆地冬季施工因缺水造成钻井成本过大的情况，从 20 世纪 90 年代中期开始，长庆地区相关单位就实行冬季休整、开春施工的办法，解决了员工与家人团聚时间少的难题，形成了一种启动开工、欢送亲人出征的特有文化，一直坚持到现在。

长庆钻井公司这 30 年来人员换了一茬又一茬，设备更新了一批又一批，但为油奋力工作的氛围与干劲没变，长庆钻井人为祖国献石油的决心和毅力也没变！

30 年前钻井装备是那样子的

现在的钻井装备是这样子的

30 年前拆装井架是那样子的

现在拆装井架是这样子的

30 年前的井架是那样子的

现在的井架是这样子的

30 年前的班前会是那样子的

现在的班前会是这样子的

30 年前钻台接单根是那样子的

现在钻台接单根是这样子的

30 年前钻台使用的大钳是那样子的

现在钻台使用的液压大钳是这样子的

30 年前钻台使用的卡瓦是那样子的

现在钻井使用的顶驱设备是这样子的

30 年前的司钻操作是那样子的

现在的司钻操作是这样子的

30 年前的机房工作环境是那样子的

现在的机房工作环境是这样子的

30 年前检修钻井泵是那样子的

现在检修钻井泵是这样子的

30 年前钻井捞泥浆砂子是那样子的

现在钻井用泥浆循环罐

30 年前测试钻井液性能是那样子的

现在测试钻井液性能是这样子的

30 年前分析钻头是那样子的

现在分析钻头是这样子的

30 年前抬接管线到井是那样子的

现在抬接放喷管线是这样子的

30 年前井上排钻杆是那样子的

现在井上排钻杆是这样子的

30 年前井上技术交流培训是那样子的

现在井上技术交流是这样子的

30 年前钻工人多，下班是那样子的

现在钻工人少，下班是这样子的

30 年前钻井队的食堂工作是那样子的

现在钻井队的食堂工作是这样子的

30 年前送饭上井是那样子的

现在送饭上井是这样子的

30 年前住在帐篷中，学习是那样子的

现在员工住进新型野营房，学习是这样子的

30 年前员工业余生活是那样子的

现在员工业余生活是这样子的

30 年前女工在井场留影是那样子的

现在女工在井场留影是这样子的

30 年前钻井冬季施工是那样子的

现在钻井冬季施工是这样子的

30 年前钻出一口油井放喷时是那样子的

现在陕甘宁盆地油气井产量形成规模后是这样子的

点击5

关键词 油艺术

石油是刚性的，石油是柔性的。石油来自远古的地下，它与来自远古的文化，构成石油文化独特的风景。

油微感覺

每一滴石油都有不為人知的艱辛
每一顆心靈都有樸實生動的故事

黄仁龙，布依族，中国书法家协会会员、贵州省书法家协会主席团成员、贵州省书法家协会隶书创作委员会副主任、黔南州书协主席。获第三届省专业美术书法一等奖、全国楹联书法展三等奖、全军书法展览优秀奖、“梵净山杯”全国书法展三等奖、第二届北兰亭全国电视书法大赛优秀奖。入展“翰墨颂中华”全国楹联展，西南四省书法展，“南潮北风”三、四、五、六届全国书坛精英联展，“同和杯”全国书法展，贵州当代书画晋京展等。北京水墨公益基金会提名“贵州省十大青年书法家”之一。

李泓晖，1968 年生于吉林扶余，锡伯族。中国书法家协会会员、吉林省书法家协会理事、创作评委会委员、松原市书法家协会副主席、松原书法院院长、国家二级美术师。先后 30 余次参加中国书法家协会举办的一系列大展，曾获全国第二届行草书大展二等奖、全国第五届楹联书法大展一等奖等。入选“‘我与经典’当代行书艺术大展”“当代书坛名家系统工程五百人书法精品展”，北京水墨公益基金会提名“吉林省十大青年书法家”之一。

刘建平，回族，祖籍河北涞水，1964 年出生于青海。青海省书法家协会主席团委员、理事，隶书专业委员会副主任，中国石油书法家协会常务理事，青海省河湟穆斯林书画研究院副院长。中国摄影家协会会员，青海省摄影家协会理事，新华社签约摄影师。

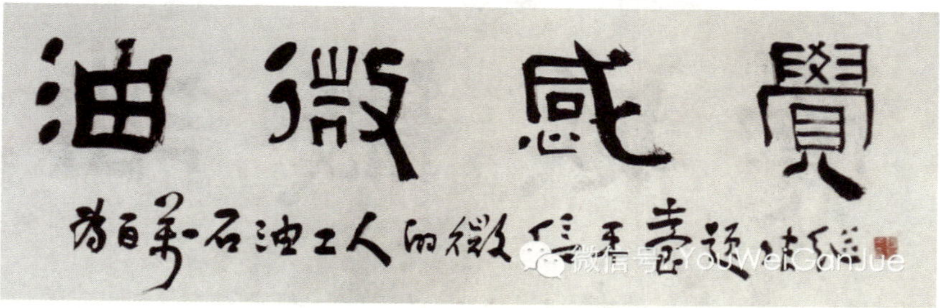

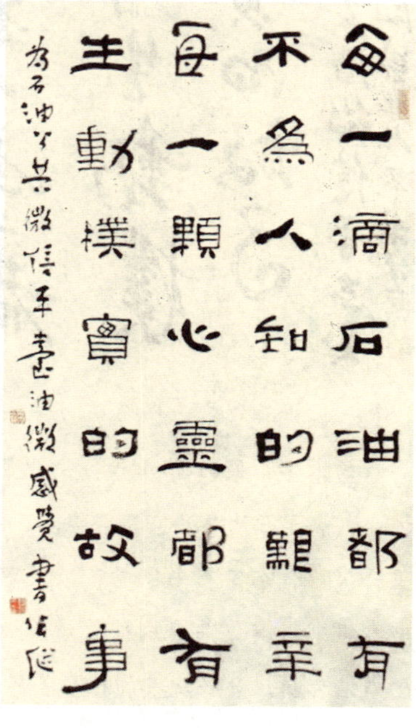

张继，字续之，号四融斋主，1963年出生于河南长葛。现任中国书法家协会隶书专业委员会副主任，中国人民解放军美术书法研究院艺术委员，中国美术馆书法专家委员会委员，中国军事文化研究会理事，东方印社社长，中华诗词学会会员等，中国人民大学等多所高校特聘教授。长期担任全国书法篆刻大展及第四届、第五届中国书法“兰亭奖”评委。全国中青年德艺双馨文艺家，全国德艺双馨书法家。出版《隶书研究》《中国书画千字文》等专著多种。

曾木生，1957 年出生，湖北仙桃人，中国书法家协会会员，河北省书法家协会、中国石油书法家协会会员，中国书法史学会常务理事。坚持学研王羲之、王铎等古代名家行书字帖，以及曹全碑、张迁碑、石门颂等汉隶碑文，擅于行书和隶书，其作品分别被收录于《名言书法大典》和《格言联名墨大观》等重要书法专辑。曾多次参加社会各界与企业行业书法展览和公益活动。

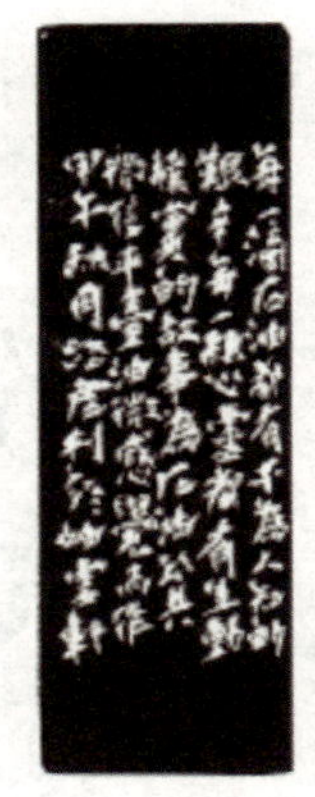

刘路军，笔名路君，号岫云轩主人。中国书法家协会会员、河北省书法家协会篆刻委员会副秘书长、石家庄市书法家协会篆刻委员会副主任兼秘书长。作品曾入展第四届中国书坛新人作品展，获西泠印社首届国际艺术节中国印大展精品奖（单项最高奖）提名（西泠印社），“梁披云”杯大展三等奖，《书法导报》国际书法篆刻年展银奖，第六届中国书坛新人作品展三等奖（中国书协），全国第六届篆刻艺术展三等奖（中国书协）等。

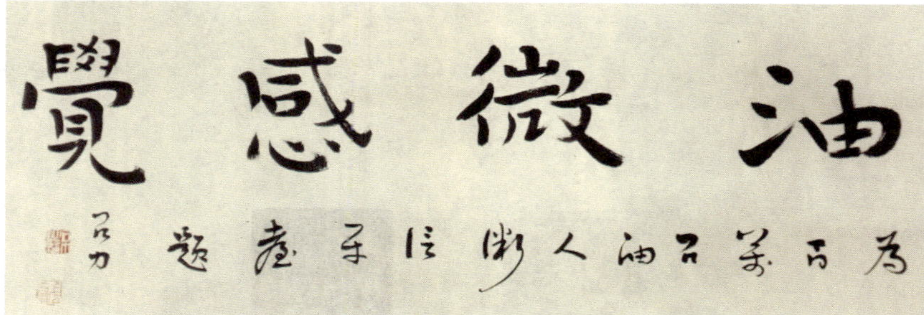

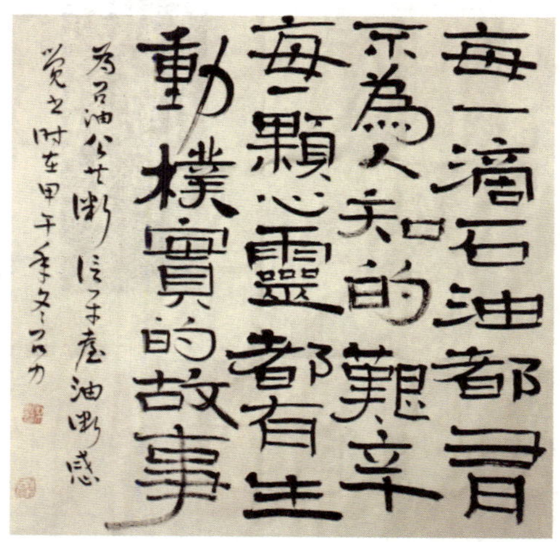

石力，中国书法家协会会员，青海省文联委员，青海省书法家协会副主席、篆刻篆书委员会主任，中国石油书法家协会副主席，中国石油四方印社副社长。石力出生、工作、生活于青海柴达木地区，致力金石、书法近五十载。曾获得全国第二届正书大展优秀奖、全国第二届“书法艺术节百家精品”作品展“书法十杰”、首届兰亭奖书法展（郑州）获奖提名、“走进青海”全国书法大展铜奖，连续获得青海省政府第四、五、六、七届优秀文化艺术作品创作奖等。作品曾入展全国楹联展、全国中青年书法篆刻家作品展、“兰亭奖”作品展、中国书协会员优秀作品展等。石力的作品先后在多家刊物选登，并被名胜古迹刻碑上石，数十幅作品收藏于国内博物馆。

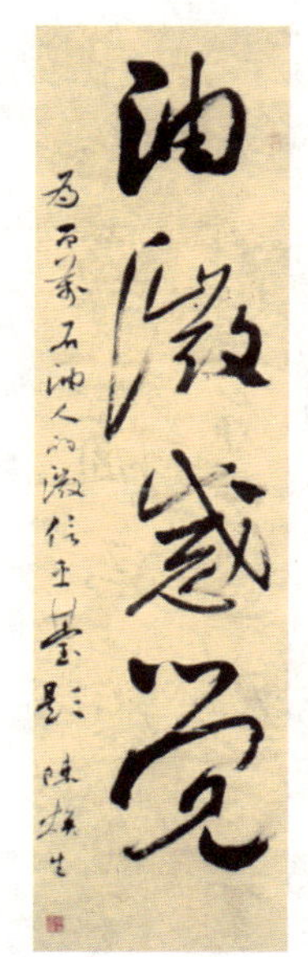

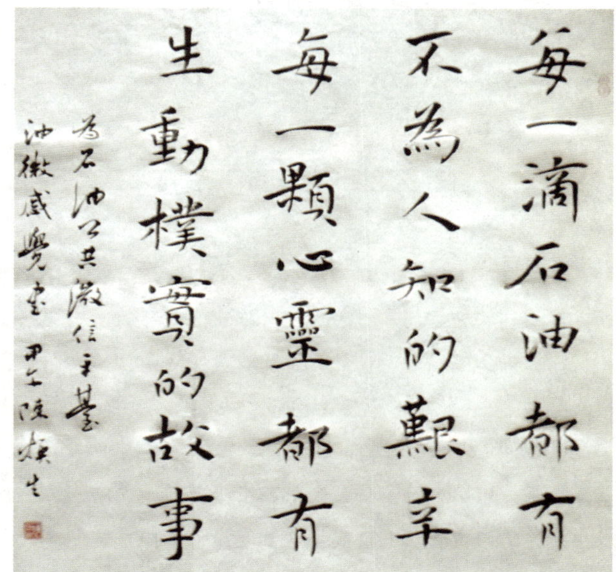

陈焕生，1956 年出生，研习书法二十余年。现为中国书法家协会会员，河北省书法家协会理事、书法家协会评委、书法家协会主席团委员、评级委员会副主任，中国石油书法家协会副秘书长、学术委员会主任。陈焕生是实力派书法家，作品发表于诸多书法报刊或结集出版，荣获中国书法家协会“书法进万家活动先进个人”、中国石油书法家协会“德艺双馨石油书法家”等称号。

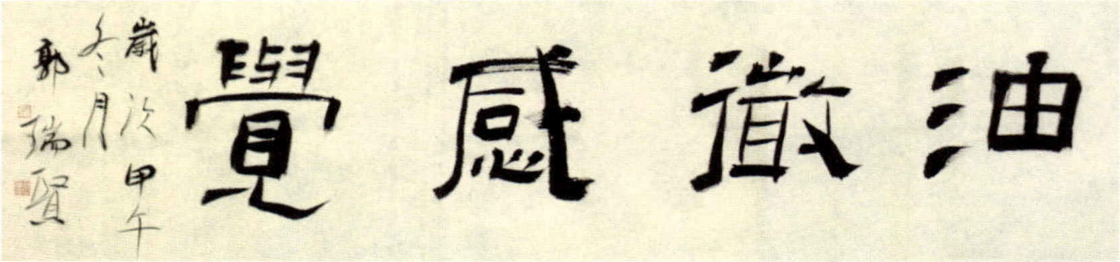

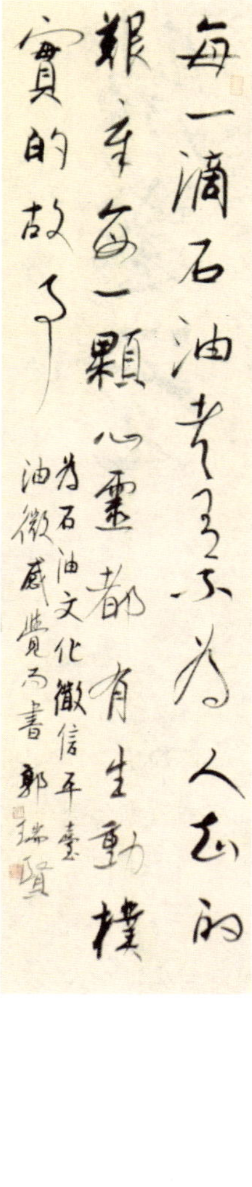

郭瑞贤，1981 年出生，号南三居士，斋号希圣堂。现为中国书法家协会会员、洛阳书画沙龙学术主持、洛阳市青年书法家协会副主席、洛阳市涧西区美术家协会主席、一级美术师。曾获解放军总政治部和中国书法家协会主办的第五届全军书法展一等奖；“纪念改革开放 30 周年”第四届全军书法展三等奖；全军廉政书画展三等奖；作品入展第八届中韩书法名家邀请展、全国百人写经邀请展、中国知识产权文化大使百位提名书画家作品展、全国第二届隶书艺术展暨“千人千邮”书法展、第二届“四堂杯”全国书法精品大展等。出版有《红炉点雪》《我的写意我的字》《郭瑞贤书画篆刻》等。

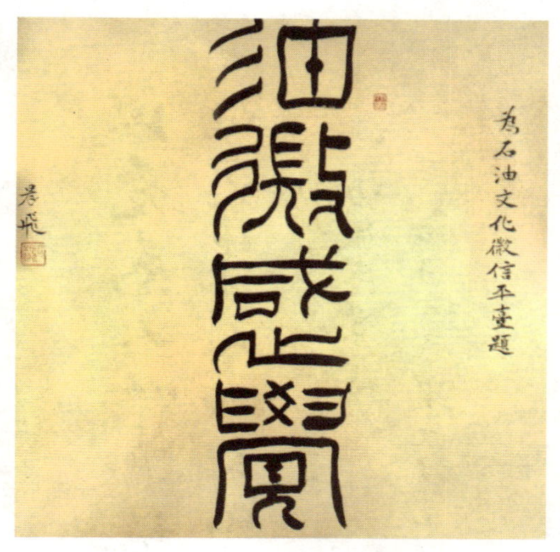

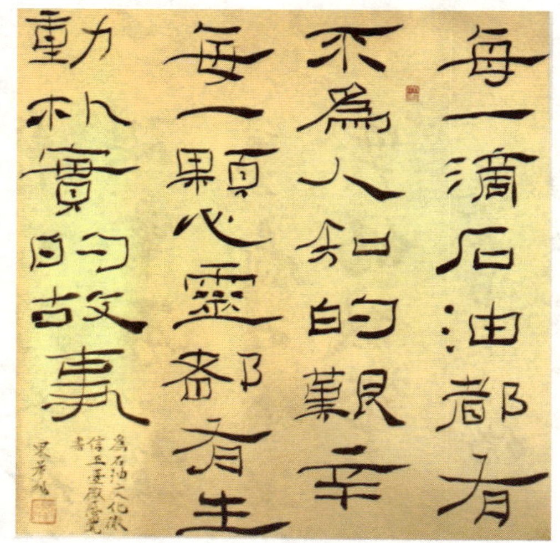

张晨飞，号积雪斋主人，现居杭州，中国书法家协会会员，緦风印社社员。作品入展孔子艺术奖全国书法篆刻作品展、全国第七届篆刻艺术展、印汇天下国际印社联展、金石永固首届全国篆刻大展、庆祝建党90周年黑龙江第三届书法展等，荣获黑龙江第十三届篆刻奖二等奖，第十四、十五届篆刻展一等奖。

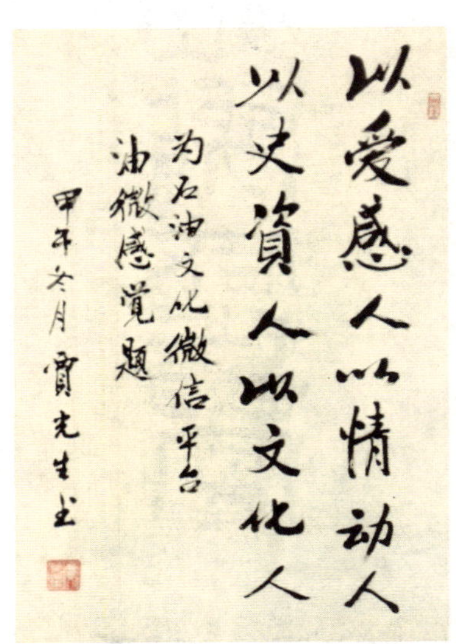

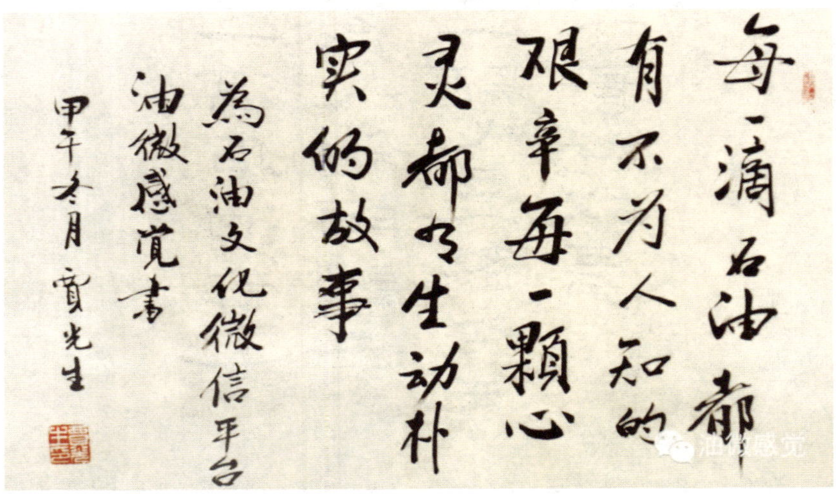

贾光生，中国书法家协会会员，曾任中国石油文联执行副主席，在书画、文化等诸多方面颇有建树。

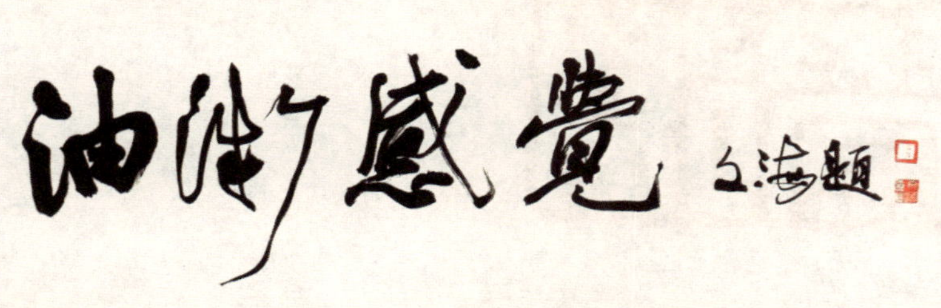

潘文海，现为中国书法家协会分党组成员、副秘书长，中国书法家协会刻字专业委员会主任，中国书法家协会理事。潘文海先生的书法作品多次受邀在国内、国际各重大展事上展出，作品被国内外许多重要部门、展馆收藏，多次担任各重要书法展事评委。

赵飚，字睿淼，斋号大雅堂、淼斋、归汉斋，别署耳顺者。1970 年 1 月出生，天津市人，系中国书法家协会青少年工作委员会委员，中国石油文联委员，中国石油书法家协会副秘书长、创作评审委员会副主任，四方印社副社长兼秘书长，天津市书法家协会理事、篆刻委员会副主任，天津市大港区政协第六、第七届委员，中国民主促进会会员，民进天津开明画院副院长，北京交通大学海滨学院兼职教授，北京林业大学 MBA 国学教育中心专家委员会委员。长年勤习书法篆刻，作品多次入国展、获奖，先后出版《赵飚印痕》《赵飚书法篆刻作品选》等作品集。

錦繡河山美如畫祖國建設跨駿馬我當個石油工人多榮耀頭戴鋁盔走天涯頭

每一滴石油都有不為人知的艱辛每一顆心靈都有生動樸實的故事

黄震，字雨辰，现为中国书法家协会会员、中国石油书法家协会理事、天津市滨海新区大港书法家协会副主席、天津市滨海新区青联委员、中国禅艺书画研究院院长、天津市李叔同弘一大师研究会会员。书法作品先后入展上海国际艺术节大字书法展、首届中华“妈祖杯”全国书法篆刻大展、首届全国“秦皇岛之夏”大字书法艺术展、天津市第五届第七届第八届书法篆刻展、中国·马来西亚书法作品交流展、中国石油职工书法篆刻精品展、“希望·圆梦”杯全国书法展等，作品被马来西亚、中国文字博物馆、中国石油奥林匹克接待中心、四川省雅安市博物馆等收藏，被天津市总工会评为职工艺术家、中国传统文化“双百人物”。

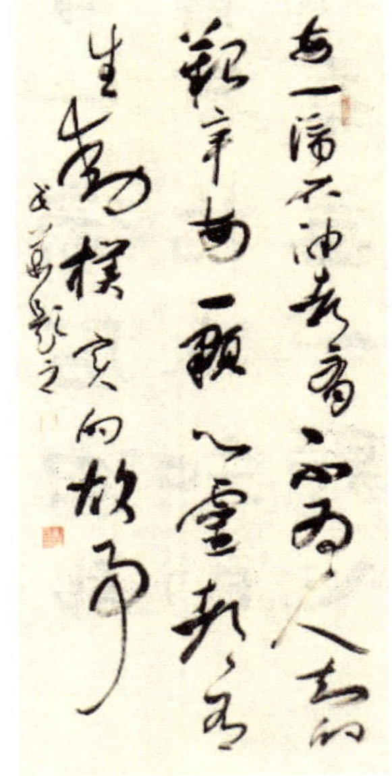

郁民华，笔名有耳，斋号朴清斋，又署榛茗堂、博古轩。中国书法家协会会员、中国石油书法家协会副秘书长、河北省草书委员会委员、河北廊坊书法家协会理事、河北霸州市书法家协会副主席。自幼酷爱书法，尤倾情于隶书和行草。在工作之余博览群书，临摹古帖，勤习不辍。其书法作品多次参加中国书法家协会举办的书法大展并获奖。

点击 6

关键词 微签名

没有朋友们的关注，“油微感觉”就没有生命。这些朋友们的微信个性签名，是智慧，更是鼓励。“油微感觉”的朋友们给了我们前进的力量，给了石油人坚守的理由。

学会包容，忍让，岁月会让人成长，让生命充满正能量！

—— 中国 河北 廊坊 张士川

脸有多大世界就有多大！我是 J—MZ！我为自己代言！

——中国 河北 保定 J—MZ

事因知足心常乐，人到无求品自高。

——中国 四川 成都 OHIN

善待生活、快乐自己；繁华过后、终归平静。

—— 中国 北京 东城 蝶语

一花一世界，一叶一菩提。

—— 中国 北京 朝阳 glacier

你的努力别人不一定放在眼里，但是你不努力别人一定放在心里。

—— 中国 北京 朝阳 专业微地震裂缝监测

荣辱不惊，闲看庭前花开花落。

—— 中国 河北 沧州 宋学功

幸福的确是手中的一把沙，你以为抓紧了，可它却又在指间溜走。

—— 中国 云南 昆明 小东东

随光阴流转的是岁月，随岁月流逝的是人生，随人生流动的是风景。

—— 中国 河北 衡水 my

我用稚嫩的发如雪，默视你渐老过往的眼儿媚，那一刻血犹未冷。

—— 中国 青海 海西 饮月成狼

所有的喜怒悲欢，都会浓缩成一个很感伤的词：过去。

——中国 云南 大理 那些花儿

与其说别人让你痛苦，不如说自己的修养不够。

—— 中国 云南 昆明 ice

方向比努力更重要。

—— 中国 江苏 扬州 凡人

阳光之下，万物葳蕤，敢于、乐于、善于为世界创造价值。

—— 中国 天津 南开 骄杨

人生是场悲喜剧，演好每一个角色就是生活，演砸了就是活着。

—— 中国 河北 衡水 秋高气爽

集聚正能量，共筑石油梦。

—— 中国 河北 沧州 王洪波

有时候，怀念过去，不是因为它有多美好，而是因为它再也回不来了。

—— 泽西岛 妖娆

生命在于运动。每天动一动，证明自己还活着！真好。

—— 中国 湖南 张家界 雨璐

一只眼睛用爱看世界，一只眼睛用理性看世界。

—— 中国 北京 朝阳 艺玮

拥有的都是侥幸，失去的都是人生。

—— 中国 北京 西城 何雨桐

做人要知足，做事要知不足，做学问要不知足。

—— 中国 浙江 宁波 裘海琴 Hailey

中国梦，油气梦！个人梦，健康梦。

—— 中国 重庆 渝北 李善均

发上等愿，结中等缘，享下等福；择高处立，就平处坐，向宽处行。

——中国 辽宁 盘锦 Dandelion

只有在你生命美丽的时候，才能觉得世界是美丽的。

——中国 新疆 克拉玛依 Lily_feng

为什么坚持，想一想当初。

——哈萨克斯坦 偶得

心无外物，闲看庭前花开花落；去留无意，漫随天外云卷云舒。

——哈萨克斯坦 岁月静好

勤学勤研，明德明理，求实求新，慎思慎行。

——中国 四川 成都 哈尼老爷

心若不动，风又奈何。你若不伤，岁月无恙。

——中国 湖北 荆门 小崔

没有远大的追求，但也不想太平庸。

——中国 黑龙江 鹤岗 刘飞

要么行走，要么读书，肉体和灵魂必须有一个在路上。

——中国 黑龙江 大庆 石三次方

如果额头终将刻上皱纹，你只能做到，不让皱纹刻在你心上。

——中国 陕西 西安 杨小超

长的是命运，短的是年轻，所有面向死亡的修行都是为了更好地活。

——中国 北京 昌平风舟

生活不是林黛玉，不会因为忧伤而风情万种。

——中国 陕西 西安 鲁 shadow

身体无需长命百岁，健康就行；朋友无需以数而论，有知己就行。

——中国 甘肃 苍茫大地

知我者谓我心忧，不知我者谓我何求。

——中国 甘肃 庆阳 曹鹏程

不乱于心，不困于情，不畏将来，不念过去，如此，安好。

——中国 甘肃 庆阳 栀子花

探索社会流变，推倒一世之智勇；驰骋历史边疆，开拓万古之心胸。

——中国 陕西 榆林 塞北雄鹰

伸手摘星，即使徒劳无获，但也不会满手淤泥。

——中国 北京 海淀 irish coffee

用一杯水的单纯，面对一辈子的复杂。

——中国 青海 西宁 骆驼草

青春是跌倒了爬起来继续跌倒的资本。

——中国 青海 西宁 彼岸花

保持良好的心态是成功的关键。

——中国 陕西 延安 冯卓

懂得选择，学会放弃，耐得住寂寞，经得起诱惑。

——中国 河北 石家庄 浪迹天涯

人生中三碗面最难吃：情面，场面，脸面。

——中国 山西 朔州 人生如梦

三分天注定，七分靠打拼，爱拼才会赢。

——中国 陕西 西安 王燕

微笑向暖，做个被阳光洒满的向日葵。

—— 安哥拉 本戈 王笑美

世间若无浓汤，你我皆在碗中沉浮。

—— 中国 河北 廊坊 sailing

人生如路，须在荒凉中走出繁华的风景来。

—— 中国 北京 朝阳 路边影话

沧海桑田，我心不惊，自然安稳；随缘自在，不悲不喜，便是晴天。

—— 中国 北京 东城 王晶

幸福是什么？慢生活＋减法生活＋温润生活。

—— 中国 北京 朝阳 无忧

做与不做的最大区别是：后者拥有对前者的评论权。

—— 中国 四川 南充 吴鸿

志合者，不以山海为远；道乖者，不以咫尺为近。

—— 卢森堡 高琪

群处守住嘴，独处守住心。

—— 中国 河北 廊坊 英国宫自销王嘉

生活总有点欺软怕硬。一个不懂拒绝的人，也不可能赢得真正的尊重。

—— 中国 河北 沧州 刘红

立品当如山有岳，持身要比玉无暇。

—— 中国 山西 太原 大明哥哥

儿子是三十年前的我，父亲是三十年后的我，而我，在路上。

—— 中国 北京 丰台 KFan—今日得宽余

又听李新民，次次都感动，这就是人性的力量。

——中国 黑龙江 大庆 大庆小徐

没有伞的孩子，必须努力奔跑。

——中国 云南 文山 阿兴

对自己好点，这辈子不是很长。对家人好点，下辈子不一定能遇到。

——中国 新疆 乌鲁木齐 感恩的心

天行健，地势坤。

——中国 新疆 乌鲁木齐 行者无疆

飞蛾扑火时，飞蛾是幸福的，因为它坚信。

——中国 香港 角树

鸟随鸾凤飞腾远，人伴贤良品自高。与君共饮盏中酒，几人哀伤几人愁。

——中国 上海 黄浦 晓琨

转山转水转佛塔，不为修来世，只为途中与你相见。

——中国 广西 南宁 闻山

高度决定视野，角度改变观念，尺度把握人生。

——中国 黑龙江 大庆 李二饼

再远的距离永远比不上永久的知己。

——中国 湖北 武汉 张庆

旭日东升，承载希望，点燃激情，为梦启航。

——中国 黑龙江 大庆 焕君

没有谁能一路单纯到底，但要记住，别忘了最初的自己。

——中国 新疆 克拉玛依 牛仔星晴

Happiness is a choice that requires effort at times。

—— 澳大利亚 新南威尔士 悉尼 加油

小时候常说幸福很简单，长大后才明白简单很幸福。

—— 中国 四川 成都 军歌

善待他人，善待自己，开心快乐过好生命中每一天。

—— 阿拉伯联合酋长国 迪拜 袁长立

用一段流年，为故事画上句号；借一程风景，漂泊到曾经的梦境。

—— 中国 云南 红河 黄光红

大难事看担当，逆顺境看胸襟，是喜怒看涵养，有舍得看智慧，是成败看坚持。

—— 中国 辽宁 朝阳 星辰

踏实做人，一步一个脚印，不浮想，不虚夸，平平淡淡才是真。

—— 中国 陕西 榆林 三木

强者不是没有眼泪，而是他在含着眼泪奔跑。

—— 中国 北京 昌平 甩葱哥

富润屋，德润身，心广体胖，故君子必诚其意。

—— 中国 黑龙江 大庆 秦岩

愿心中所念，终能蔚然成荫。

—— 中国 北京 昌平 郑颖

生活没有彩排，每天都是直播。

—— 中国 陕西 西安 刘研言

有一天，背上包，背上自己，有多远，走多远。

—— 中国 陕西 西安 李枚

心若是一道彩虹，又怎会随波逐流。

——中国 北京 西城 幸福

所谓的幸福，只是有能力得到，有福气消受。

——中国 陕西 西安 小勇

春有百花秋有月，夏有凉风冬有雪，若无闲事挂心头，便是人间好时节。

——中国 河南 郑州 范阳

与贤者交，与智者聚，慧思敏行。

——中国 北京 海淀 紫味堂主

善良、诗意、谦虚、自由、悲悯情怀、恻隐之心是所能拥有的全部。

——中国 青海 海西 wen

命，乃弱者借口；运，乃强者谦辞。

——中国 北京 朝阳 offer雨季快来

做一个最简单的人，走一段最幸福的路。其他的，交给命运。

——中国 青海 海西 风筝

时间是种极好的东西，原谅了不可原谅的，过去了曾经的过不去。

——中国 内蒙古 锡林郭勒 中华

心和谐了人就和谐了，人和谐了家就和谐了，家家和谐世界就和谐了。

——中国 新疆 克拉玛依 梅兰

把命照看好，把心安顿好，人生即是圆满。守望也是一种幸福。

——中国 甘肃 庆阳 木子

无色无味单纯透明天然不加修饰的品行，保持一种白开水一样的心境。

——中国 河北 沧州 白开水

人为善，福虽未至，祸已远离；人为恶，祸虽未至，福已远离。

——中国 河北 沧州 向阳

淡如菊，静若荷。

——中国 吉林 轻轻

生命是一场创意之旅。

——中国 陕西 西安 天籁之音

崇尚自然，喜欢暖暖的阳光和清新的空气。

——中国 河北 沧州 淡淡的宁静

我本微末凡尘，却也心向乾坤！努力成为更好的自己。

——中国 新疆 克拉玛依 范小范

一生相识，来自天意；一段友情 放在心里；一份暖意，来自惦记。

——中国 河北 沧州 韩健

上帝给了每个人哭的天赋，却没有给我哭的勇气。

——中国 青海 海北

Impossible is nothing！

——意大利 米兰 韩先生

一个人的快乐，不是因为他拥有的多，而是他计较的少。

——中国 河北 沧州 美好生活

与有爱有善的人为伴，与有情有义的灵魂为伍。

——中国 河北 沧州 百合

处处留心皆学问，人情练达即文章。

——中国 新疆 克拉玛依 老吸二手烟

失败者找理由，成功者找方法。

——中国 黑龙江 大庆 松雪

静观其变，是一种能力；顺其自然，是一种幸福。

——中国 云南 昆明 权国才

随心随性，随缘随意，随风随雨，随情随心。

——中国 四川 成都 随心随性

心灵纯洁的人，生活充满甜蜜和喜悦。

——中国 新疆 巴音郭楞 Jime

宁静、致远，用浅笑回眸，去解读风花雪月。

——以色列 小花儿

好朋友就像星星，不一定总能见到，但你却知道他在那里。

——中国 北京 清水浮云

别把任何事物想的那么重要，在别人的世界里，这一切都是一个背景墙。

——中国 浙江 绍兴 风一样的女子

一切迂回的路都绝不是白费。

——中国 洛克小一

放下执着，忘掉自我，用尽全力倾听心灵的声音，让真爱充盈心间。

——中国 北京 东城 李占彬

时光不悔，流年不扰，记忆匪浅，宁静安好。

——韩国 济州岛 凌志

天雨虽宽，难润无根之草；佛虽有心，不度无缘之人 。

——中国 陕西 咸阳 云燕田佳

一叶知秋，一语见地，一念思远。

—— 中国 北京 海淀 一叶

既然选择了远处，便只顾风雨兼程。

—— 中国 甘肃 嘉峪关 无处安放的青春

无论看到多少黑暗，心底都要洒满阳光。

—— 意大利 卡博尼亚－伊格莱西亚斯 李海峰

永远自信，经常反思。

—— 中国 江苏 泰州 文子

快乐才是真！

—— 中国 重庆 沙坪坝 肖洒

做唤醒知识、传递幸福的石油人。

—— 中国 北京 东城 tan—pf

一天过完，不会再来。

—— 中国 北京 东城 紫海

鸣谢

致谢：《人民日报》《工人日报》《中国青年报》《人民画报》《四川日报》《中国石油报》《图说石油》《共产党员》《大庆油田报》、新华社、新华网、人民网、新浪博客，《时代川庆》、“时代川庆”微信公众平台、中国石油塔里木油田微信公众平台、长庆钻井律动钻头微信公众平台等媒体及同仁。

致谢：中国石油川庆钻探公司、中国石油东方物探公司、中国石油青海销售公司、中国石油哈尔滨石化公司、中国石油西部管道公司、中国石油长庆油田公司、中国石油河南销售公司、中国石油兰州石化公司、中国石油西南油气田公司等单位。

致谢：任玉昌、赵天龄、陈庚峰、王东梅、李学杰、余坪、吕殿杰、熊伟、李淼、刘建平、冶晓刚、张爱民、张志锋、才让吉、厉飞、吴杰、余海、王鹏飞、鲍咸庆、张爱民、赵鸿平、温彦博、马钊、王瑾、张明、马谊东、金添、曹有伟、王建华、曾丽、杨清明、陈永昕、姜佩峰、姜政信、吴夏炎、刘志坚、宋学功、孙秀丽、杨梅博、秦思哲、大风、周瑾成、冉玉平、周志彬、徐志武、戴瑞凯、程盟超、崔江校、张鹏、陈明宇、彭同乐、马井生、王洁婧、罗玉蝉、刘延治、贺颖、刘进勇、张楠、赖延芳、常东虎、陈凤、李翔、李敏、冯依娜、范照明、杜克勤、祝周义、柴妮、吴德令、胡鹏、方莲花、杨忠兵、袁镜武、黄晓林、王建、王敏、刘建、薛明、董晓英等作者。

致谢：无法一一列举的媒体、朋友、同仁，以及“万能”的互联网、微信。

特别鸣谢：川庆钻探工程有限公司对本书的大力支持。

后记

“油微感觉”变形记

2015 年 3 月，偶然关注到“油微感觉”微信公众平台，它用适合网络传播的方式发出石油的声音，这声音确如其名，微小、微弱、微光点点。但不可否认的，它以微之名却有着燎原之势，中国石油人的故事经由它，在微信朋友圈里一次次传播。一些共鸣确实在发生，一些共识确实在达成，一些被误解的、被恶意拼凑的事实也正在澄清。朋友传给朋友，每一个都是可靠信息源，既附加了人品的保障，更附加了价值观的影响。就这样，“油微感觉”声名日隆。

6 月，接到将“油微感觉”微信公众平台的内容编辑成书的任务，荣幸之余忐忑不安。先不说近十几万字、上千幅照片的编辑工作量有多大，也不说只有一个月左右的编辑时间有多紧，单单只论把微信平台的表达方式转换为文本阅读方式，这就足以令人却步。同样的信息源，如果通过微信传播，文字不能太长太死，需以煽情吸引眼球，图文并茂最佳，至于文本的节奏、逻辑和结构则无关宏旨。可要将这种适合快餐式阅读的文字沉淀于纸面，文本的扎实度和可读性还有很长的路要走。

一开始，我们打算寻找每篇文章的原作者，希望对所有原稿进行去宣传味和去材料化的修改，但实际上，“油微感觉”选取的素材并非来自某一作者某一文章，大多为从许许多多渠道搜集素材后的再创作，其原貌已淹灭于多次传播中。受于时间和人力所限，只有就地取材，找出其中的精华，再赋予它结构、形式和美感，努力实现油微感觉“做一本能让人读得进去的书”的初衷。

“读得进去”——这看似是做一本书的最低标准，但实际上又是最高要求。最起码，这书要走心、有诚意。

在消化完所有素材后，编辑团队明确了这本书的整体结构，打算分三部分呈现。第一部分为“油·榜样”，集纳石油行业里社会认可度高、辨识度高的人物；第二部分为“油·故事”，展示普通石油人的日常工作状态；第三部分为“油·生活”，主要体现石油人在工作之外的精神面貌。结构一经确定，这十几万字的素材各就各位。

在接下来的啃硬骨头阶段，所有素材都得到了充分的挖掘。第一部分的编辑极具颠覆性，用剧本的方式还原了榜样人物的先进事迹和历史背景，新颖的手法带来了新的看点，正如我们在第一部分开篇提到的那样，“时空的镜头隐藏在一场场故事后，观众醒来，我们一起看电影”。看电影的感觉，是我们想给每个翻开这本书的读者营造的。接着，我们在第二部分梳理出四条主线，分别用地理空间的转移、精神品质的层次及人们面对问题的态度和方式来组织素材，使得读者有一种跟我们上路，和我们一起翻阅路上风雨的体验感。有体验才有共鸣，有共鸣才有理解。第三部分，我们用点击关键词的方式串接石油生活中的平凡一刻。于是，三个部分、三个侧面、三种不同的表现形式完成了我们对中国石油人的立体呈现，也完成了我们对“油微感觉”微信公众平台想尽绵薄之力弘石油精神而努力的所有理解。

尽力而为，这是世间最质朴的做事准则；尽力而为，这是“油微感觉”微信公众平台一贯秉持的坚定信念；尽力而为，这也是所有书写这本书的人的精神共通之处。鉴于书中的每一篇文章都倾注了无数人的心血，进行了多次的修改和创作，所以，我们以集体署名的方式向这些书写者致敬，感谢他们的尽力而为，感谢这么的人这么多的故事以文字的方式得到记录和传播。

从 2014 年 8 月到 2015 年 5 月间，“油微感觉”微信公众平台所发布的大部分文章都在本书找到了落脚点，曾经点赞过的及曾经错过的都在这里期待您的阅读。

这本小册子与大家见面的时候，“油微感觉”公众微信刚过周年，以此答谢关注石油的人们，答谢为这个国家、这个时代提供石油和天然气的人们。

文字漫步于网络总是易逝，今天，它们站在这里，以永恒之态，渴望一个“读得进去”的评价！

刘玲

2015 年 7 月